A REFORMA CONSTITUCIONAL

Coleção Constitucionalismo Brasileiro
Conselho Científico
Gilmar Ferreira Mendes – Presidente
Paulo Sávio N. Peixoto Maia – Secretário-executivo

André Ramos Tavares
Andréa Slemian
Arnoldo Wald
Carlos Horbach
Everardo Maciel
Ingo Wolfgang Sarlet
João Paulo Bachur
José Levi Mello do Amaral Júnior

José Roberto Afonso
Laura Schertel Mendes
Lenio Luiz Streck
Luis Rosenfield
Paulo Gustavo Gonet Branco
Rodrigo de Bittencourt Mudrovitsch
Sergio Bermudes
Walter Costa Porto

O GEN | Grupo Editorial Nacional – maior plataforma editorial brasileira no segmento científico, técnico e profissional – publica conteúdos nas áreas de concursos, ciências jurídicas, humanas, exatas, da saúde e sociais aplicadas, além de prover serviços direcionados à educação continuada.

As editoras que integram o GEN, das mais respeitadas no mercado editorial, construíram catálogos inigualáveis, com obras decisivas para a formação acadêmica e o aperfeiçoamento de várias gerações de profissionais e estudantes, tendo se tornado sinônimo de qualidade e seriedade.

A missão do GEN e dos núcleos de conteúdo que o compõem é prover a melhor informação científica e distribuí-la de maneira flexível e conveniente, a preços justos, gerando benefícios e servindo a autores, docentes, livreiros, funcionários, colaboradores e acionistas.

Nosso comportamento ético incondicional e nossa responsabilidade social e ambiental são reforçados pela natureza educacional de nossa atividade e dão sustentabilidade ao crescimento contínuo e à rentabilidade do grupo.

COLEÇÃO
CONSTITUCIONALISMO
BRASILEIRO

RAYMUNDO DE
ARAÚJO
CASTRO

Apresentação
LUIS ROSENFIELD

A REFORMA CONSTITUCIONAL

- O autor deste livro e a editora empenharam seus melhores esforços para assegurar que as informações e os procedimentos apresentados no texto estejam em acordo com os padrões aceitos à época da publicação, e todos os dados foram atualizados pelo autor até a data de fechamento do livro. Entretanto, tendo em conta a evolução das ciências, as atualizações legislativas, as mudanças regulamentares governamentais e o constante fluxo de novas informações sobre os temas que constam do livro, recomendamos enfaticamente que os leitores consultem sempre outras fontes fidedignas, de modo a se certificarem de que as informações contidas no texto estão corretas e de que não houve alterações nas recomendações ou na legislação regulamentadora.

- Fechamento desta edição: *11.08.2023*

- O Autor e a editora se empenharam para citar adequadamente e dar o devido crédito a todos os detentores de direitos autorais de qualquer material utilizado neste livro, dispondo-se a possíveis acertos posteriores caso, inadvertida e involuntariamente, a identificação de algum deles tenha sido omitida.

- **Atendimento ao cliente:** (11) 5080-0751 | faleconosco@grupogen.com.br

- Direitos exclusivos para a língua portuguesa
  Copyright © 2023 by
  Editora Forense Ltda.
  Uma editora integrante do GEN | Grupo Editorial Nacional
  Travessa do Ouvidor, 11 – Térreo e 6º andar
  Rio de Janeiro – RJ – 20040-040
  www.grupogen.com.br

- Reservados todos os direitos. É proibida a duplicação ou reprodução deste volume, no todo ou em parte, em quaisquer formas ou por quaisquer meios (eletrônico, mecânico, gravação, fotocópia, distribuição pela Internet ou outros), sem permissão, por escrito, da Editora Forense Ltda.

- Capa: Fabricio Vale

- **CIP – BRASIL. CATALOGAÇÃO NA FONTE.**
  SINDICATO NACIONAL DOS EDITORES DE LIVROS, RJ.

C353r
Castro, Raymundo de Araújo

A reforma constitucional / Raymundo de Araújo Castro. – 2. ed. – Rio de Janeiro: Forense, 2023.
(Constitucionalismo brasileiro)

Inclui bibliografia e índice
ISBN 9786559648740

1. Direito constitucional – Brasil. 2. Reforma constitucional – Brasil. I. Título. II. Série.

23-85599   CDU: 342(81)

Meri Gleice Rodrigues de Souza – Bibliotecária – CRB-7/6439

APRESENTAÇÃO

A reedição de *A reforma constitucional* (1924),[1] de Araújo Castro (1888-1945), na iminência do centenário da obra, procura iluminar os caminhos da história do direito brasileiro, trazendo ao debate público mais amplo as ideais de revisão constitucional no contexto da década de 1920. Trata-se de um momento de riqueza ímpar no qual conflui uma série de ansiedades com os caminhos (e descaminhos) do sistema jurídico-político da Primeira República. Os anos 1920 são o retrato da transformação brasileira e da consolidação das novas reivindicações sociais e políticas, como a chamada *questão social*, mas também outros debates importantes começavam a se consolidar, como a polêmica sobre a regulação ideal do controverso instituto do estado de sítio. Além disso, tem-se aqui a década de ascensão do tenentismo como fator disruptivo para o pacto republicano. Ou seja, trata-se de um momento histórico marcado pelas novas reivindicações típicas do entreguerras, em que as filosofias materialistas de mudança social radical abundam, como se percebe nas movimentações anarquistas e socialistas, mas também na ascensão de ideias afeitas ao outro polo do espectro político-ideológico, no qual a circulação de ideias inspiradas no pensamento reacionário francês e, mais tarde, nos intelectuais fascistas italianos encontram seu auge.[2]

A publicação da obra do jurista maranhense se deu no contexto dos debates que permeavam a doutrina e a política nos anos de 1924-1926, quando, ao final, foi revisada a Constituição de 1891 com a Emenda Constitucional de 3 de setembro de 1926. O livro veio a público durante os conturbados anos de governo do presidente Artur Bernardes (1922-1926), que iria enfrentar essa tensa conjuntura social e política durante seu mandato, transcorrido majoritariamente sob a égide do estado de sítio. Nesse período, seria finalmente discutida e aprovada no Congresso Nacional a Reforma Constitucional de 1926, a primeira reforma ampla da Constituição de 1891.

A Reforma de 1926 é, curiosamente, um dos momentos decisivos de nossa história constitucional mais ignorados na literatura jurídica e na consciência histórica de nossas instituições. Pouco crédito se dá para esse

---

[1] CASTRO, Araújo. *A reforma constitucional*. Rio de Janeiro: Livraria Editora Leite Ribeiro, Freitas Bastos, Spicer & Cia, 1924.

[2] ROSENFIELD, Luis. *Revolução conservadora*: genealogia do constitucionalismo autoritário brasileiro (1930-1945). Porto Alegre: EDIPUCRS, 2021.

momento histórico de debates parlamentares de grande dinamicidade entre governo e oposição, no qual os partidos políticos desempenharam, sim, o seu papel institucional.[3] Ocorre que, além disso, ainda menos atenção tem sido dada para as obras de doutrina que propunham anteprojetos ou propostas abrangentes de revisão ou de reforma constitucional em um momento histórico tão rico. Antes mesmo da popularização do discurso autoritário de juristas como Francisco Campos e Oliveira Vianna, ferrenhos defensores da Revolução de 1930, outros pensadores da década de 1920 já percebiam a Constituição de 1891 como um edifício em precário estado de conservação que necessitava ser emendado.

Araújo Castro, em 1918, conclamava os brasileiros a *amarem* a Constituição de 1891 – assim como os norte-americanos amavam a sua constituição –, demonstrando preocupação com a consciência cívica do povo brasileiro e a necessidade de conhecer e compreender as mudanças constitucionais em curso desde a proclamação da República. Araújo Castro era um daqueles juristas da Primeira República que, desde muito cedo, dedicou-se a explicar e popularizar o conteúdo da Constituição de 1891 para o grande público. Na sua visão, como dito, os brasileiros deveriam amar a sua constituição política assim como os norte-americanos, mas seria impossível amar o que não conheciam.[4] Alguns anos mais tarde, em *A reforma constitucional*, o ponto de partida do livro era o argumento de defesa da Constituição de 1891, a qual, apesar das sucessivas crises do governo Arthur Bernardes, "honraria qualquer nação civilizada", uma vez que seus eventuais problemas seriam algo menor que não prejudicariam a "harmonia do conjunto" e o "espírito liberal que presidiu à sua elaboração".[5]

As primeiras páginas de abertura da obra eram direcionadas à questão da forma de governo que o Brasil deveria assumir em um contexto de reforma constitucional, notadamente a dicotomia entre presidencialismo e parlamentarismo. Para Araújo Castro, o Brasil deveria seguir com o regime presidencialista, visto que no País e na América Latina no geral não haviam sido construídos partidos políticos de âmbito nacional, só-

---

[3] ZULINI, Jaqueline Porto. Modos do bom governo na Primeira República brasileira: o papel do parlamento no regime de 1889-1930. 307f. 2016. Tese (Doutorado em Ciência Política) – Universidade de São Paulo (USP), São Paulo, 2016.

[4] CASTRO, Araújo. *Manual da Constituição brasileira*. Rio de Janeiro: Leite Ribeiro & Maurillo, 1918. p. III.

[5] CASTRO, Araújo. *A reforma constitucional*. Rio de Janeiro: Livraria Editora Leite Ribeiro, Freitas Bastos, Spicer & Cia, 1924. p. 6.

APRESENTAÇÃO VII

lidos e bem estruturados, utilizando para tanto o caso do Chile do final do século XIX e começo do XX. Seguia-se, então, esta máxima:

> O governo parlamentar é, por conseguinte, inconcebivel e impraticavel nos paizes onde não há partidos organizados e poderosos, porque seria pueril esperar a organização de governos estaveis e efficazes, contando-se sómente com o apoio de minorias ou grupos parlamentares que se colligam hoje para trabalhar amanhã pela conquista official.[6]

Dito de outro forma, Araújo Castro aderia firmemente à ideia de que o regime parlamentar, para o seu perfeito funcionamento, requereria "maior capacidade política do povo do que o regime presidencial", o que somente poderia dar resultados satisfatórios em países que, como a Inglaterra, "contam séculos de experiencia nas práticas que lhe são peculiares".[7] Tem-se, aqui, uma formulação liberal clássica ao problema da tensão presidencialismo-parlamentarismo no Brasil que será radicalizada, nas décadas de 1930 e 1940, por juristas como Oliveira Vianna e Francisco Campos, que levaram essa linha de raciocínio até o limite para advogar pela concessão de poderes cada vez mais fortes e extremos para o Poder Executivo de Getúlio Vargas em um momento ditatorial e de radicalização política.

Araújo Castro tinha convicção de que não existiam razões reais para amaldiçoar o presidencialismo e que os "nossos males" não advinham do regime presidencial. O presidencialismo era percebido, portanto, como o veículo pelo qual se aumentava a prosperidade de todos os Estados da Federação, representando o "verdadeiro" problema, na realidade, a falta de educação cívica do povo.[8] Consequentemente, destacava-se, dentro desse debate, a questão do alargamento do rol taxativo de situações em que o Governo Federal poderia intervir nos negócios dos Estados. Isso significava, em última instância, alterar a compreensão do que se entendia por "princípios constitucionais da União":

> Os mais autorizados interpretes de nossa Constituição, escreve Castro Nunes, conceituam a clausula *forma republicana*

---

[6] CASTRO, Araújo. *A reforma constitucional*. Rio de Janeiro: Livraria Editora Leite Ribeiro, Freitas Bastos, Spicer & Cia, 1924. p. 21.

[7] CASTRO, Araújo. *A reforma constitucional*. Rio de Janeiro: Livraria Editora Leite Ribeiro, Freitas Bastos, Spicer & Cia, 1924. p. 22.

[8] CASTRO, Araújo. *A reforma constitucional*. Rio de Janeiro: Livraria Editora Leite Ribeiro, Freitas Bastos, Spicer & Cia, 1924. p. 26.

federativa (n. 2 do artigo 6°) como equivalente da locução *principios constitucionaes da União*, que o artigo 63 manda que os Estados observem nas suas constituições e leis. De modo que consoante essa corrente; que tem o primeiro élo em João Barbalho, os principios constitucionaes que os Estados estão obrigados a respeitar são os que entendem com a *forma republicana federativa*.

O legislador constituinte, declara Herculano de Freitas, "tendo obrigado os Estados ao respeito dos *principios constitucionaes da União*, evidentemente consagrou nessa expressão – *forma republicana* – do art. 6°, todos os principios a que os Estados devem obediencia. Quando elles se organizam constitucionalmente, desrespeitando os principios constitucionais da União, não se realiza nelles a forma republicana que o legislador constituinte quiz que houvesse e, por consequencia, possibilitam a intervenção para o restabelecimento dessa forma".[9]

A busca pelas novas formas constitucionais brasileiras – e pelos princípios que deveriam reger o Brasil – foi uma marca não apenas do livro de Araújo Castro, mas também de outros juristas da época, como o próprio Castro Nunes, autor da talvez mais importante monografia sobre o assunto, intitulada *A jornada revisionista* (1924); o paulista Oscar Stevenson, com *A reforma da Constituição Federal* (1924); e o gaúcho Felix Contreiras Rodrigues, com *Velhos rumos políticos (ensaio contributivo para a Revisão Constitucional no Brasil)* (1921).

Oscar Stevenson era taxativo ao afirmar que "elaborou-se, aqui, uma Constituição para um povo, mas um povo geometricamente ideado, equilibrado no todo, idêntico em todas as partes, talvez os americanos". Resumiu a questão alegando que "quiçá poucos refletiram em que uma Constituição não pode ser mero producto do engenho, da fantasia de alguns homens, porém, o resultado da observação e da experiência". Para ele, era natural que uma constituição trouxesse um "cunho de idealismo", mas não um idealismo que se resumisse num passo apressado para um sistema ideal que nunca teria qualquer possibilidade de frutificar no País.[10]

---

[9] CASTRO, Araújo. *A reforma constitucional*. Rio de Janeiro: Livraria Editora Leite Ribeiro, Freitas Bastos, Spicer & Cia, 1924. p. 40-41.

[10] STEVENSON, Oscar. *A reforma da Constituição Federal*. São Paulo: Typ. Rio Branco, 1926. p. 64.

APRESENTAÇÃO   IX

A monografia de José de Castro Nunes, premiada em concurso do Instituto dos Advogados Brasileiros, dissertou sobre uma série de temas atinentes ao federalismo brasileiro.[11] Havia, por exemplo, uma preocupação latente com a representação desigual entre os Estados da Federação, como apontado no artigo de Castro Nunes de 1922, quanto ao tamanho de vários Estados e sua irrelevância no plano da representação política no parlamento. Minas e São Paulo são apontados como "hypertrofiados", enquanto as pequenas unidades da federação seriam apenas "comparsas" no pacto federativo.[12]

José de Castro Nunes cunhou esse momento histórico de *jornada revisionista*. O debate em torno da reforma constitucional se estendia desde os primórdios da República, mas adquiriu na década de 1920 um caráter mais urgente em função das crises do liberalismo da Primeira República. No cenário de contestação dos fundamentos da Constituição de 1891, a monografia de Castro Nunes tentava colocar em contato as diferentes propostas doutrinárias de cunho moderado, negando de pronto alternativas radicais, como seria o caso para ele das ideias de Alberto Torres, com sua hipertrofia dos Poderes do Governo Central, que acabariam por esfacelar a própria ideia de federação, transformando o país num Estado unitário. Castro Nunes era taxativo em afirmar que "esse espirito revolucionario, de revisionismo radical, extra-constitucional," era algo alienígena à tradição brasileira. As tentativas radicais simbolizavam apenas "uma corrente intelectual, sem raízes políticas e muito menos populares". Em resumo, era "um programma de sociologos, um tema de literatos".[13]

É interessante atentar para como Castro Nunes observava o ideário radical de Alberto Torres, pois o colocava como um dos primeiros juristas a tratar de modo sistemático da revisão constitucional com a obra *A organização nacional*, de 1914, portanto alguns anos depois da Campanha Civilista de Rui Barbosa. Para Castro Nunes, apesar do "radicalismo de suas ideias" e do "reacionarismo das soluções propostas", o pensamento de Torres acabou por lograr êxito em agru-

---

[11] NUNES, José de Castro. *A jornada revisionista*: os rumos, as idéias, o ambiente (estudo crítico da Constituição). Rio de Janeiro: Almeida Marques, 1924. p. 33-65, 119-153 e 155-171.

[12] NUNES, José de Castro. Um aspecto da revisão constitucional. *Revista de Direito Publico e de Administração Federal, Estadual e Municipal*, Rio de Janeiro, ano 2, v. 3, n. 3, p. 445, maio/jun. 1922.

[13] NUNES, José de Castro. *A jornada revisionista*: os rumos, as idéias, o ambiente (estudo crítico da Constituição). Rio de Janeiro: Almeida Marques, 1924. p. 7 e 38.

par alguns intelectuais cuja mentalidade de reação era *"demolir para reconstruir"*.[14] Nesse ponto, especula-se que Castro Nunes estivesse fazendo referência às obras político-constitucionais que começavam a ser publicadas nesses anos com forte inspiração de Torres, como o ensaio crítico de Oliveira Vianna que inaugura seu ciclo de estudos sobre o "idealismo" no Brasil.[15] Castro Nunes reconhecia a crise do sistema e afirmava que a maioria dos intelectuais do país concordavam com a premissa de que "é preciso vivificar as instituições", abrindo-se ao "espírito novo que se está impondo á revelia dos velhos principios, dos carunchosos arcabouços da democracia liberal".[16]

Naturalmente, admitia que o sistema constitucional precisava ser melhorado, caso contrário apodreceria, e a partir daí as mais diversas propostas apareciam em publicações Brasil afora. Entre os programas de reforma da Constituição dos anos 1920, Castro Nunes comparou três propostas revisionistas: o *Programa Civilista*, baseado nas ideias de Rui Barbosa;[17] o *Programa Democrático*, encabeçado por Assis Brasil;[18] e o *Programa Federalista*, proposto por Felix Contreiras Rodrigues.[19]

No *Programa Civilista* de Rui Barbosa, falecido em 1923, estava ainda acesa a chama liberal, e a plataforma estava centrada na escolha e na nomeação dos juízes pelos próprios tribunais (com todas as garantias inerentes ao ofício), na inserção da frase "princípios constitucionais da União" no artigo 63 da Constituição e na criação de lei constitucional sobre o estado de sítio. Entre outros temas, era recorrente a preocupação com cláusulas constitucionais sobre questões tributárias, econômicas e financeiras entre os Estados e a União. Tratava-se, portanto, de tentativa de aparar as arestas do sistema jurídico, melhorando pontos que eram vistos como entraves ao desenvolvimento nacional. O tópico do programa de Rui Barbosa dedicado à definição dos princípios consti-

---

[14] NUNES, José de Castro. *A jornada revisionista*: os rumos, as idéias, o ambiente (estudo crítico da Constituição). Rio de Janeiro: Almeida Marques, 1924. p. 11.

[15] VIANNA, Oliveira. *O idealismo na evolução política do Império e da República*. São Paulo: Bibliotheca d'O Estado de São Paulo, 1922. p. 7-27.

[16] NUNES, José de Castro. *A jornada revisionista*: os rumos, as idéias, o ambiente (estudo crítico da Constituição). Rio de Janeiro: Almeida Marques, 1924. p. 15.

[17] JUNQUEIRA, Eduardo. Campanha Civilista. *In*: ABREU, Alzira Alves de *et al.* (coord.). *Dicionário Histórico-Biográfico Brasileiro Pós-30*. 3. ed. Rio de Janeiro: FGV, 2010. Disponível em: http://cpdoc.fgv.br/acervo/dhbb.

[18] BRASIL, J. F. de Assis. *Dictadura, parlamentarismo, democracia*. Rio de Janeiro: Leite Ribeiro, 1927. p. 7-51.

[19] RODRIGUES, Felix Contreiras. *Velhos rumos políticos* (ensaio contributivo para a Revisão Constitucional no Brasil). Tours: E. Arrault, 1921. p. 260-281.

APRESENTAÇÃO   XI

tucionais contidos no artigo 63 da Constituição de 1891 buscava não deixar "à discreção dos hermeneutas" questões tão importantes. Havia também, no projeto de Rui, inclinação em se equillibrar a própria ideia de Federação, defendendo as atribuições de cada Estado e as leis que eles adotassem. Ou seja, nessa plataforma política se afirmava, além do *"mecanismo constitucional"* que conectava a União e os Estados, que "cada Estado reger-se-á pela Constituição *e pelas leis que adoptar*, respeitados os princípios constitucioanes da União".[20]

O *Programa Democrático* era sustentado por Assis Brasil através do Partido Republicano Democrático e tinha como baluarte que a Constituição Federal fosse "inalterável nos seus princípios essenciais": forma republicana, democrática e federativa, regida pela separação de poderes e pelo regime representativo.[21] No que se refere à revisão constitucional propriamente dita, advogava-se por "rever opportunamente" a Constituição, com intuito de reformá-la "gradualmente, por leis expressas ou por simples interpretação usual", aperfeiçoando seus "princípios essenciais". Seu principal objetivo era "estabelecer um regime eleitoral fundado sobre a perpetuidade e inviolabilidade do eleitor", o que significava um alistamento mais simples e eficiente, que eliminava a burocracia que desqualificava a representação popular sob os mais diversos pretextos.[22]

O chamado *Programa Federalista* era o terceiro e último grande programa de revisão e certamente o mais radical. Essa plataforma parlamentarista foi defendida pelo gaúcho Felix Contreiras Rodrigues e sintetizada em importante livro publicado em Paris, visto que o autor residia à época na França.[23] Segundo Castro Nunes, apesar do nome, era paradoxalmente a plataforma que mais distorcia a própria concepção constitucional de Federação, visto que o "exercício da faculdade interventora da União vai ao ponto de dispensar, em qualquer hipótese, a requisição do governo local, é ato espontâneo do governo federal".[24]

---

[20] NUNES, José de Castro. *A jornada revisionista*: os rumos, as idéias, o ambiente (estudo crítico da Constituição). Rio de Janeiro: Almeida Marques, 1924. p. 22-23 e 47.

[21] NUNES, José de Castro. *A jornada revisionista*: os rumos, as idéias, o ambiente (estudo crítico da Constituição). Rio de Janeiro: Almeida Marques, 1924. p. 20-22.

[22] BRASIL, Joaquim F. de Assis. *Dictadura, parlamentarismo, democracia*. Rio de Janeiro: Leite Ribeiro, 1927. p. 7-10.

[23] RODRIGUES, Felix Contreiras. *Velhos rumos politicos* (ensaio contributivo para a Revisão Constitucional no Brasil). Tours: E. Arrault, 1921. p. 260-281.

[24] NUNES, José de Castro. *A jornada revisionista*: os rumos, as idéias, o ambiente (estudo crítico da Constituição). Rio de Janeiro: Almeida Marques, 1924. p. 17.

XII A REFORMA CONSTITUCIONAL

Ademais, a defesa das bandeiras históricas do parlamentarismo brasileiro vinha *mesclada* com a eleição indireta para a Presidência da República, realizada em votação no Congresso Nacional, em mandato dilatado para sete anos. O *Programa Federalista* buscava instituir uma só lei eleitoral para União, Estados e Municípios, que fixasse expressamente os casos de inelegibilidade e incompatibilidade eletivas. Em suma, o parlamentarismo era concebido como sistema em constante evolução, desprovido dos malefícios da rigidez do presidencialismo, visto como deletério para o desenvolvimento.[25]

A monografia premiada de Castro Nunes procurava compreender o "espírito da reforma" e as "correntes mentais" do ambiente brasileiro. O ponto de partida da análise consistia em compreender uma constituição como "uma lei de protecção política, uma lei de garantias", cujo objetivo precípuo seria a garantia "contra as usurpações dos poderes a que ela confiou o exercício de sua soberania, garantia dos direitos da minoria contra a onipotência da maioria". No caso do presidencialismo brasileiro, esse controle de direitos individuais estava reservado ao Poder Judiciário. Em outras palavras, o jovem Castro Nunes defendia que uma constituição deveria ser "o foral do cidadão *contra o poder*". O pano de fundo era fazer uma reforma constitucional "sem sacrificar o fundo tradicional de uma democracia, como a nossa, de authentica feição liberal". Talvez seja esse o ponto de encontro entre Castro Nunes e Araújo Castro: a tentativa de colocar novamente no trilho correto uma proposta de reforma do liberalismo político oscilante e inconcluso da Primeira República, procurando encontrar respostas equilibradas e moderadas para os numerosos problemas nacionais.

Prof. Dr. Luis Rosenfield

Doutor em Direito pela Universidade do Vale do Rio dos Sinos (Unisinos) e em Filosofia pela Pontifícia Universidade Católica do Rio Grande do Sul (PUCRS). Professor permanente do Curso de História e dos Programas de Pós-Graduação em História e em Filosofia da PUCRS. Líder do Grupo de Pesquisa História das Ideais e História Intelectual (GHI). Advogado. Suas pesquisas estão centradas principalmente na história do pensamento político, jurídico e filosófico brasileiro.

---

[25] RODRIGUES, Felix Contreiras. *Velhos rumos politicos* (ensaio contributivo para a Revisão Constitucional no Brasil). Tours: E. Arrault, 1921. p. 201-205.

A REFORMA CONSTITUCIONAL

Nota da editora:
Mantivemos a paginação conforme publicação original.

ARAUJO CASTRO

A REFORMA CONSTITUCIONAL

LIVRARIA EDITORA LEITE RIBEIRO
FREITAS BASTOS, SPICER & CIA.
RUAS: BETHENCOURT DA SILVA, 15, 17 E 19
E 13 DE MAIO, 74 E 76
RIO DE JANEIRO
— 1924 —

Do mesmo autor:

MANUAL DA CONSTITUIÇÃO BRASILEIRA (2ª edição — esgotada).

ESTABILIDADE DE FUNCCIONARIOS PUBLICOS (2ª edição).

ACCIDENTES DO TRABALHO (1ª edição — esgotada).

MANUAL CIVICO (3ª edição).

TODOS OS EXEMPLARES SÃO RUBRICADOS PELO AUTOR.

A nossa Constituição, não obstante ter sido promulgada ha mais de trinta annos, ainda hoje é um documento que honraria qualquer nação civilizada.

Os seus senões de modo algum prejudicam a harmonia do conjuncto e o espirito liberal que presidiu á sua elaboração.

Cultor do nosso direito constitucional, sentimos o dever de contribuir com este modesto subsidio para a realização da obra patriotica que ora se projecta.

Sobre diversos assumptos nada mais fizemos que coordenar e desenvolver opiniões que já haviamos defendido em outros trabalhos.

As suggestões feitas, entre as quaes figuram, aliás, as medidas indicadas pelo Chefe da Nação em sua mensagem de 3 de Maio ultimo, obedecem á preoccupação de tornar a lei fundamental mais adaptavel ao nosso meio e, ao mesmo tempo, mais precisa em certos pontos, evitando assim interminaveis controversias, que só servem para desacredital-a no espirito publico.

Uma constituição deve ser de pureza crystallina, para que todos possam entendel-a e respeital-a.

ARAUJO CASTRO.

I

NECESSIDADE E OPPORTUNIDADE
DA REFORMA

A Constituição não póde ficar immutavel: precisa estar de accôrdo com as condições sociaes e politicas da época. Sem isso, inobservada ou violada, irá, pouco a pouco, perdendo a sua autoridade com evidente descredito das instituições e grave inconveniente para a vida nacional.

Cumpre, porém, que a reforma se faça com a maxima prudencia, sem o prurido de innovações perigosas. O assumpto é por demais relevante para que estejamos a tentar novas experiencias, simplesmente porque tal ou qual principio, tal ou qual medida tem dado bom resultado neste ou naquelle paiz.

Já em 1901, isto é, dez annos após a promulgação da Constituição Federal, o partido federalista do Rio Grande do Sul publicava um manifesto com programma de reforma constitucional. No mesmo anno, surgia outro programma, formulado pela primeira dissidencia paulista.

O programma do partido federalista do Rio Grande do Sul era francamente parlamentarista, pois declarava que os ministros deveriam responder a interpellações na Camara dos Deputados, reunir-se e deliberar em gabinete ou conselho, com responsabilidade solidaria nas questões politicas e de alta administração, e que seriam livremente nomeados e demittidos pelo presidente da Republica, não podendo, porém, ser mantidos nos respectivos cargos quando o Congresso, reunido em commissão geral, lhes manifestasse desconfiança por dois terços dos membros presentes.

O programma da primeira dissidencia paulista, menos radical, encerrava medidas que não offendiam a essencia do regimen presidencial, e isso mesmo foi accentuado no manifesto.

Em 1914, Ruy Barbosa, em sua plataforma politica lida no Polytheama Bahiano, apresentava um programma de revisão constitucional, programma este que elle proprio ampliou mais tarde no manifesto do partido republicano liberal.

Que a reforma é necessaria, ninguem contesta.

Mas poderá ser considerada inopportuna?

E' possivel que aquelles que appellam para a justiça federal continuem a esperar cinco, dez e mais annos pela solução de suas questões?

E' possivel que permaneçamos neste regimen deploravel de legislar sobre tudo nas caudas orçamentarias?

Pelo menos, em relação a esses dois pontos, é possivel deixar de reconhecer a opportunidade da reforma?

O problema da revisão constitucional, declara o Sr. Presidente da Republica, para assegurar a estabilidade das finanças e a verdade dos orçamentos, garantir a necessaria rapidez na distribuição da justiça e permittir a melhor defesa da nacionalidade, quer na ordem social, quer na ordem economica, está posto á consciencia do paiz, como urgente e essencial providencia, sem a qual nada de estavel será possivel construir, como o demonstra a experiencia de mais de trinta annos de regimen. (*)

(*) Mensagem de 3 de Maio de 1924.

II

PROCESSO DA REFORMA

As constituições rigidas exigem sempre processo especial para a sua reforma.

Tal processo, tendente a difficultar a reforma, varia, porém, de nação a nação.

W. F. WILLOUGHBY observa que se torna mister estabelecer distincção entre revisão e emenda constitucional. Verifica-se a hypothese da revisão quando se reconstitue ou recompõe a constituição no seu conjuncto. Verifica-se a hypothese da emenda quando a modificação versa sómente sobre algum ou alguns pontos do texto constitucional. (*)

A Constituição Argentina declara que ella poderá ser reformada no todo ou em qualquer de suas partes. (art. 30).

A Constituição Americana, porém, só cogita de emendas e não de uma revisão integral, como se vê do seguinte:

"O Congresso, quando dois terços de ambas as Casas julgarem necessario, proporá emendas a esta Constituição...." (art. V).

E taes emendas são additadas ao texto constitucional.

(*) "The Government of Modern States, pags. 128 e 129.

A simples leitura do art. 90 da Constituição Federal revela que o nosso legislador constituinte cogitou apenas de emendas, tal como acontece nos Estados Unidos, não admittindo a hypothese de uma revisão de todo o texto constitucional.

A Constituição Americana estabelece dois processos: *a*) proposta feita por dois terços dos membros de ambas as camaras; *b*) proposta feita por convenção convocada pelo Congresso, a pedido das legislaturas de dois terços dos Estados. Em qualquer dos casos, a ratificação é feita pelas legislaturas de tres quartos dos mesmos Estados ou em convenção por tres quartos dos seus membros, segundo um ou outro methodo de ratificação haja sido indicado pelo Congresso. (1)

Se a legislatura de um Estado ratifica uma emenda, sua acção é irrevogavel: nem ella nem a subsequente legislatura pódem modificar a deliberação tomada. Mas, se o seu voto é contrario á emenda, nada impede que a subsequente legislatura reconsidere essa decisão e vote pela ratificação. E, como nenhum prazo é fixado para a ratificação, resulta que uma emenda adoptada pelo Congresso póde ficar dependente das legislaturas dos Estados durante tempo indefinido, vindo a ser ratificada, muitas vezes, quando as condições do paiz já não mais aconselham a conveniencia da reforma. (2)

A Constituição Argentina dispõe que a necessidade da reforma deve ser declarada pelo Congresso por dois terços dos

---

(1) As emendas á Constituição Americana têm sido sempre feitas independentemente de convenção especial, isto é, mediante proposta do Congresso e ratificação das legislaturas dos Estados.

(2) W. F. WILLOUGHBY: "The Government of Modern States", pag. 140. Dos projectos de emendas propostas pelo Congresso, dois se acham pendentes de ratificação dos Estados ha cerca de 134 annos, um ha mais de 113 annos e outro ha mais de 62 annos.

E' um grande inconveniente, assignala BUTLER, que a Constituição não haja estabelecido periodo determinado para que se resolva um projecto de emenda. ("Inter-America", vol. VII, n. 5, pag. 276).

votos de seus membros, mas não se effectuará senão por uma convenção especial convocada para tal fim.

E' o Congresso que fixa o numero de membros da convenção, que não póde deliberar senão sobre os pontos ou artigos propostos pelo mesmo Congresso.

Na votação das emendas, porém, a convenção exerce poderes discrecionarios, effectuando a reforma como lhe parecer mais conveniente.

Ao contrario das constituições americana e brasileira, a constituição argentina não faculta ás legislaturas provinciaes o direito de propor a reforma.

No Mexico, para que sejam feitas addições ou reformas á Constituição é preciso que as mesmas mereçam o apoio do Congresso da União, por dois terços dos membros presentes, e sejam approvadas pela maioria das legislaturas dos Estados. (*)

A Constituição Federal póde ser reformada por iniciativa do Congresso Nacional ou das assembléas dos Estados.

(*) Na Suissa e nos Estados da União Americana adopta-se o systema do "referendum" popular.

O "referendum" pode ser: a) sobre a conveniencia da reforma; b) para approvar ou recusar a reforma projectada por uma convenção ou pela legislatura.

Na Suissa, exige-se não só a maioria do eleitorado como a maioria dos cantões, isto é, não basta a approvação pela maioria do eleitorado, como não basta a approvação pela maioria dos cantões: mister se torna que se realizem essas duas importantes formalidades para que entre em vigor uma emenda constitucional votada pela Assembléa Federal.

Nos Estados da União Americana, geralmente, as emendas são propostas pelo legislativo. Para sua votação é sufficiente, em alguns Estados, a simples maioria das duas casas; em outros, torna-se necessario que taes emendas sejam approvadas por dois terços dos membros presentes (REINSCH, "American Legislatures and Legislative Methods", pags. 156 e 157). Em qualquer dos casos, porém, a validade das emendas constitucionaes depende de ratificação do eleitorado (Cyclopedia of law and procedure. vol. VIII, pag. 723).

Somente o Estado de Delaware constitue uma excepção a essa regra. Ainda assim, em semelhante hypothese, se o eleitorado não se manifesta directamente, fal-o indirectamente, uma vez que a ratificação das emendas não depende da legislatura que as adopta, mas da legislatura seguinte (W. F. WILLOUGHBY: Ob. cit., pag. 186).

Na primeira hypothese, a proposta deve ser apresentada pela quarta parte, pelo menos, dos membros de qualquer das camaras e acceita, em tres discussões, em cada uma dellas, por dois terços de votos.

Na segunda hypothese, a reforma deve ser solicitada no decurso de um anno, por dois terços dos Estados, representado cada um pela maioria de votos de sua assembléa.

Em qualquer dos casos, dar-se-á por approvada a proposta, se no anno seguinte o fôr, em tres discussões, por maioria de dois terços dos votos nas duas camaras. (1)

Como se vê, a Constituição Federal não exige que a ratificação seja feita em convenção especial, como acontece na Argentina e póde ser adoptado nos Estados Unidos, nem pelas legislaturas dos Estados, segundo se verifica neste paiz e no Mexico.

Herman James, estranhando que o Brasil haja adoptado o processo de ratificação pelo Congresso em vez de ratificação pelas legislaturas dos Estados, conforme se pratica nos Estados Unidos, observa que se o verdadeiro caracteristico do regimen federal consistisse, como já se tem assegurado, na impossibilidade de alterar a fundamental relação entre a Nação e os Estados sómente por acção daquella, então o Brasil não constituiria uma federação. (2).

Parece procedente a opinião de Milton, quando sustenta que a approvação deve ser feita em sessão ordinaria.

A convenção, diz elle, que, para o caso, a Constituição Argentina manda convocar especialmente, e a intervenção das legislaturas que a Constituição Americana requer na hypothese, mostram o desejo de difficultar as reformas constitucionaes, que não convem sejam effectuadas senão depois de

---

(1) Const. Fed., art. 90, §§ 1° e 2°.
(2) "The Constitucional System of Hrasil", pag. 50.

estudo calmo e critica imparcial e severa dos differentes orgãos da opinião publica. (1)

Apoiando a opinião de MILTON, escreve CARLOS MAXIMILIANO:

"Os debates só se effectuam em sessão ordinaria, porque o intuito evidente do legislador foi deixar transcorrer algum tempo entre o inicio da reforma e a sua acceitação definitiva, o que se não daria se fosse licito convocar extraordinariamente o Congresso, afim de proseguir em principio de Janeiro na tarefa interrompida a 31 de Dezembro. (2)

E' essa tambem a opinião de RUY BARBOSA, externada em sua plataforma de 1910:

"Basta dizer que uma só legislatura, em duas sessões annuas consecutivas, cujo trabalho não seria inexequivel encetar e concluir em seis ou oito mezes, poderia reformar a Constituição nas suas disposições mais importantes. Adoptada em tres discussões, por dois terços das duas camaras, no derradeiro mez de um anno e approvada, pelo mesmo modo, em Maio do subsequente, a reforma teria satisfeito os requisitos constitucionaes da validade e introduzido na lei organica da Nação as alterações a que se propuzesse".

Afigura-se igualmente logica a interpretação de BARBALHO, segundo a qual não só para a acceitação da proposta como para a sua approvação se tornam necessarios dois terços da totalidade dos membros de cada uma das camaras e não simplesmente dos membros presentes.

Tratando-se de assumpto de tão grande relevancia, é de presumir que o legislador constituinte fosse mais exigente, não se contentando com os dois terços dos membros presentes. Accresce ainda que, emquanto neste caso nada declara, nos demais casos, onde se requer a votação de dois terços (art. 33,

---

(1) "A Constituição do Brasil", pag. 499.
(2) "Commentarios á Constituição Brasileira", pag. 365.

§ 2°, 37, § 3° e 39, § 4°), a Constituição faz especial referencia aos membros presentes. (*)

O projecto da commissão nomeada pelo Governo Provisorio dispunha o seguinte:

"A presente Constituição poderá ser reformada em qualquer das partes, por proposta de um terço do numero de deputados e senadores, em qualquer legislatura.

A proposta passará por tres discussões e, approvada por dois terços do numero de deputados e do de senadores, prevalecerá como parte integrante da Constituição, sendo publicada com as assignaturas do presidente e dos secretarios de cada uma das camaras". (art. 118 e § Unico).

Taes disposições foram substituidas, no projecto do Governo Provisorio, pelas seguintes:

"A Constituição poderá ser reformada, mediante iniciativa do Congresso Nacional ou das legislaturas dos Estados.

Considerar-se-á proposta a reforma quando, apresentada por uma quarta parte, pelo menos, dos membros de qualquer das camaras do Congresso Federal, fôr acceita, em tres discussões, por dois terços dos votos, numa e noutra casa do Congresso, ou quando fôr solicitada por dois terços dos Estados, representados cada um pela maioria dos votos de suas legislaturas, tomados no decurso de um anno.

(*) CARLOS MAXIMILIANO, invocando o exemplo dos Estados Unidos, julga que bastam dois terços de votos dos membros presentes. (Ob. cit. pag. 808) Mas, não ha paridade entre as duas situações, porquanto, nos Estados Unidos, a intervenção do Congresso é restricta á proposta. Para a ratificação, como já se viu, tornam-se necessarios tres quartos das legislaturas dos Estados ou tres quartos dos membros da convenção que for convocada para tal fim.

Na Argentina, os dois terços de votos exigidos para a declaração da necessidade da reforma referem-se ao total dos membros existentes em cada camara no momento em que se resolve a reforma (GONZÁLEZ CALDERÓN: "Derecho Constitucional Argentino", tomo I, pag. 339.

A Constituição Uruguaya exige, tanto para a approvação da proposta como para a acceitação das emendas, dois terços do total dos membros de cada camara, com a circumstancia ainda de que essa acceitação só poderá ter logar na legislatura seguinte.

Essa proposta dar-se-á por approvada se, no anno seguinte, o fôr, mediante tres discussões, por maioria de tres quartos dos votos, nas duas camaras do Congresso.

A proposta approvada, publicar-se-á com as assignaturas dos presidentes e secretarios das duas camaras, incorporando-se á Constituição, como parte integrante della.

Não se poderão admittir como objecto de deliberação do Congresso projectos tendentes a abolir a forma republicana federativa ou a igualdade da representação dos Estados no Senado". (art. 86 e §§ 1°, 2°, 3° e 4°).

O Governo Provisorio procurou, por um lado, facilitar a proposta da reforma, exigindo, em vez de um terço, uma quarta parte dos membros de qualquer das camaras e, por outro lado, difficultar a sua approvação exigindo, em vez de dois terços, tres quartos dos membros.

Para que a palavra "votos", empregada no projecto do Governo Provisorio, pudesse significar "votos dos membros presentes", seria mister declaração expressa nesse sentido, por que, na ausencia de tal declaração, parece que a interpretação mais logica é que se pretendeu exigir "dois terços dos votos dos membros" de cada uma das camaras.

A regra geral estabelecida no art. 18 da Constituição Federal, isto é, que as deliberações serão tomadas por maioria de votos, achando-se presentes em cada uma das camaras a maioria absoluta de seus membros, não póde ser applicada á reforma constitucional, que é um caso especial e, portanto, sujeito tambem a regras especiaes.

Deliberando sobre a reforma constitucional, o Congresso toma o caracter de assembléa constituinte e os seus trabalhos não estão adstrictos a outras normas que as prescriptas no art. 90.

Referindo-se á reforma das constituições rigidas, González Calderón, depois de assignalar a distincção ou separação fondamental entre poder constituinte e poder legislativo ordinario, escreve o seguinte:

"O parlamento não é convenção constituinte e legislatura ao mesmo tempo; não póde modificar a constituição do Estado da mesma maneira ou pelo mesmo processo com que vota as leis communs. Algumas constituições deste typo estabelecem que, não obstante as reformas serem effectuadas pelo parlamento, este se renovará totalmente para tal caso e obedecerá a tramites extraordinarios (as constituições da Belgica e da Hollanda, por exemplo); outras não impõem uma renovação especial, mas sim a ultima condição. A Constituição do Brasil, por exemplo, que é deste typo, prescreve o seguinte:... Na Constituição Brasileira, pois, o poder constituinte não é o mesmo poder legislativo, operando segundo sua capacidade ordinaria". (1)

Afóra o *referendum*, ha dois methodos principaes de revisão constitucional: 1°. a revisão é operada por uma assembléa eleita para tal fim (assembléa constituinte ou convenção) 2°, a revisão é feita pelo proprio poder legislativo, que verifica sua necessidade e a realiza em seguida.

O primeiro systema, observa ESMEIN, é o mais racional, porque o assumpto é préviamente submettido á deliberação do eleitorado, mas, na pratica, menos se presta á revisão parcial ou limitada.

Pelo segundo systema, o poder legislativo, funccionando como poder constituinte, recebe, muitas vezes, em sua organização, certas modificações temporarias, e, em geral, exige *quorum* diverso e maior.

A vantagem deste systema é ser mais simples e rapido. A objecção que se apresenta contra elle é que os membros do corpo legislativo não foram eleitos para tal fim, mas tal objecção desapparece quando as duas camaras são, como na Belgica, renovadas por eleição antes de proceder á revisão. (2)

A commissão da Constituinte, incumbida de dar parecer sobre o projecto de Constituição, declarou:

---

(1) "Derecho Constitucional Argentino", tomo I, pag. 332.

(2) "Eléments de droit constitutionnel français et comparé", pag. 1068. O systema da revisão parcial ou limitada, observa NEZARD, é não sómente mais pratico como o que assegura ás instituições maior estabilidade. ("Eléments de droit public", pag. 124).

PROCESSO DA REFORMA

"O art. 86 da Constituição difficulta de tal modo as reformas constitucionaes, que praticamente as torna quasi irrealizaveis. Pensando a commissão que convem moderar tamanho rigor, propõe que se substitua a maioria de tres quartos de que trata o § 2° desse artigo pela maioria de dois terços".

Tres quartos dos membros presentes seria uma exigencia tal, que tornasse a reforma praticamente quasi irrealizavel?

Dos termos desse parecer não se infere que a alludida commissão entendia que a exigencia era de tres quartos dos membros constitutivos das camaras e não de tres quartos dos membros presentes? (*)

Estabelecia a Constituição do Imperio:

"Se passados quatro annos, depois de jurada a Constituição do Brasil, se conhecer que algum dos seus artigos merece reforma, se fará a proposição por escripto, a qual deve ter origem na Camara dos deputados e ser apoiada pela terça parte delles.

A proposição será lida por tres vezes, com intervallo de seis dias de uma á outra leitura: e, depois da terceira, deliberará a Camara dos deputados se poderá ser admittida á discussão, seguindo-se tudo o mais que é preciso para a formação de uma lei.

Admittida á discussão, e vencida a necessidade da reforma do artigo constitucional, se expedirá lei, que será sanccionada e promulgada pelo Imperador em fórma ordinaria, e na qual se ordenará aos eleitores dos deputados para a seguinte legislatura que, nas procurações, lhes confiram especial faculdade para a pretendida alteração ou reforma.

Na seguinte legislatura e na primeira sessão será a materia proposta e discutida, e o que se vencer prevalecerá para a mudança em addição á lei fundamental, e ajuntando-se á Constituição será solemnidade promulgada" (arts. 174, 175, 176 e 177).

(*) Ruy Barbosa, em sua plataforma de 1910, referiu-se aos dois terços das duas camaras.

A 2

Na Constituinte não se exigiu nem se devia exigir mais do que a simples maioria de votos, uma vez que os representantes foram eleitos para o fim especial da votação da Constituição. Assim tambem, a Constituição do Imperio não exigiu nem devia exigir para a reforma mais do que simples maioria, porque mandato especial era exigido dos membros da legislatura destinada a approvar as alterações propostas.

Sobre a necessidade de mandato especial assim se manifesta PIMENTA BUENO:

"A necessidade do mandato ou procuração especial para a reforma é intuitiva. O poder legislativo ordinario não tem faculdade para modificar de maneira alguma nenhuma disposição constitucional. Sua autoridade legislativa não comprehende senão a esphera da legislação ordinaria; a lei fundamental está acima do seu dominio: é, pois, essencial que a nação dê-lhe essa missão constituinte, especial e limitada". (1)

A Constituição Federal adoptou systema differente. Não cogitou de convenção especial, como fazem a Argentina e os Estados Unidos; nem de approvação pela legislatura seguinte, como fazia a Constituição do Imperio e fazem a Belgica, a Hollanda e o Uruguay; nem de assembléa nacional, como faz a França; nem de approvação pelos Estados ou Cantões, como fazem os Estados Unidos, o Mexico e a Suissa; nem de *referendum popular,* como fazem a Suissa e os Estados da União Americana: commetteu todo o trabalho ao Congresso Nacional, com a faculdade de realizal-o em uma unica legislatura, permittindo apenas aos Estados a proposta das emendas.

Não era natural, pois, que exigisse um *quorum* mais elevado? (2)

Se a proposta não fôr approvada no anno seguinte, deve ser considerada como rejeitada.

---

(1) "Direito Publico Brasileiro", pag. 247.

(2) Na França, a proposta é votada em cada uma das camaras, separadamente, mas a assembléa incumbida de approval-a, embora constituida pelos ele-

PROCESSO DA REFORMA

Feita a proposta de reforma por qualquer dos processos estabelecidos no art. 90, § 1º, o Congresso, ao approval-a, não lhe póde fazer modificação alguma. (1)

Não se trata de uma lei ordinaria, e, assim sendo, a reforma não depende da sancção do Presidente da Republica, como se vê do seguinte:

"A proposta approvada publicar-se-á com as assignaturas dos presidentes e secretarios das duas camaras e incorporar-se-á á Constituição como parte integrante della". (2)

Não se poderão admittir como objecto de deliberação no Congresso projectos tendentes a abolir a fórma republicana federativa ou a igualdade de representação dos Estados no Senado. (3)

---

mentos das duas camaras legislativas, forma um corpo distincto e toma o nome de Assembléa Nacional.

As duas camaras perdem momentaneamente a sua individualidade, ou, antes, os deputados e senadores tomam momentaneamente uma qualidade nova e complementar — a de membros da Assembléa Nacional. (As duas camaras subsistem, entretanto, e, em caso de necessidade, podem reunir-se e deliberar no intevallo das sessões da Assembléa Nacional. (ESMEIN: Ob., cit. pag. 1069).

A Constituição Federal não admitte a hypothese do trabalho conjuncto das duas camaras, mas seria conveniente que, quando cada uma dellas trabalhasse na reforma constitucional, não se occupasse de qualquer outro assumpto, pois dessa maneira todas as attenções seriam dedicadas á solução de tão relevante problema.

(1) Como a proposta não comporta alteração, devendo ser approvada ou rejeitada integralmente, seria conveniente que, em vez de um unico projecto, fossem apresentados tantos projectos especiaes quantos os pontos a modificar, pois, desta maneira, reconhecida posteriormente a inconveniencia de uma medida, poderia ella ser rejeitada, sem prejudicar o regular andamento das demais que constituissem objecto do programma de revisão.

(2) Const. Fed. art. 90, § 3º.

(3) Const. Fed. art. 90, § 4º.

I I I

PARLAMENTARISMO. PRESIDENCIALISMO

Com a questão da reforma constitucional volta-se a fallar no parlamentarismo como o remedio capaz de corrigir os nossos males.

Em principio, não se póde affirmar qual dos dois regimens seja o melhor. Vantagens e inconvenientes tem o regimen presidencial como inconvenientes e vantagens tem o regimen parlamentar. (*)

Seria inutil renovar aqui todos os argumentos pró e contra um e outro regimen. O que se torna indispensavel é examinar qual delles melhor se adapta ao nosso meio.

Não nos impressiona o facto de que os novos paizes da Europa tenham dado preferencia ao regimen parlamentar. Nada mais natural, pois no velho continente nunca se experimentou o regimen presidencial. Apenas a Suissa o adopta sob uma feição *sui generis* por circumstancias peculiares que não se encontram em outros paizes.

Impressionados ficariamos se as nações do novo continente estivessem a evolver para o parlamentarismo. Mas tal não se dá nem se dará, porque a America não apresenta condições

---

(*) That much attention should have been given to the relative merits of these two widely divergent systems of government is evident. Each has its ardent partisans. It is exceedingly difficult, however, to weigh the merits of the respective claims that are put forward (W. F. WILLOUGHBY: "The Government of Modern States, pag. 357).

para a pratica do parlamentarismo. Basta vêr o exemplo do Chile:

"A applicação do codigo supremo de 1833, de accordo com os fins politicos e os principios que triumpharam em 1891, não tem dado no Chile resultados plausiveis... Este regimen de governo é, nem mais nem menos, "o governo de partido"; não é, nem deve ser, o governo de conglomerados politicos sem consistencia real e sem raizes profundas na opinião publica, senão de partidos organizados, com principios, que se disputam a preferencia da maioria do eleitorado. O governo parlamentar é, por conseguinte, inconcebivel e impraticavel nos paizes onde não ha partidos organizados e poderosos, porque seria pueril esperar a organização de governos estaveis e efficazes, contando-se sómente com o apoio de minorias ou grupos parlamentares que se colligam hoje para trabalhar amanhã pela conquista official. Está aqui, pois, outra explicação, e mui decisiva, do notorio fracasso do regimen parlamentar no Chile... A tal extremo ha chegado a frequencia das crises ministeriaes no Chile que é raro não lêr nos diarios cada semana ou quinzena a noticia correspondente. O abuso das "interpellações" e votos de desconfiança a um ministro ou a todo o gabinete transtorna fundamente a marcha do governo e lhe difficulta a concepção e desenvolvimento de um programma de trabalho efficaz, porque se vêem apparecer e desapparecer nos despachos ministeriaes pessòas com as mais antagonicas idéas politicas e administrativas". (*)

Mariano de Vedia y Mitre, explicando por que Battle Y Ordoñez, no projecto de reforma da Constituição do Uruguay, não cogitou do regimen parlamentar, escreve o seguinte:

"Não pensou, porque tal systema de governo requer uma determinada tradição politica e porque importa, em summa, o governo da maioria. O gabinete deveria estar formado homogencamente pela maioria parlamentar e o presidente

---

(*) GONZÁLEZ CALDERÓN: "Derecho Constitucional Argentino", tomo III, pag. 256.

ser irresponsavel e estar investido do poder de dissolver o parlamento: faculdades e attribuições estas demasiado perigosas em democracias jovens como as nossas". (1)

Referindo-se á tentativa de instituir nas provincias da Republica Argentina o regimen parlamentar, declara GONZÁLEZ CALDERÓN:

"Em nosso solo se deve, talvez, a solidez das instituições a que sempre temos estado muito afastados do parlamentarismo. A Constituição Nacional o repelle, adoptando o systema representativo da separação, independencia e harmonia dos poderes. Planta exotica, o parlamentarismo não poderia fructificar beneficamente; daria, pelo contrario, frutos amargos: de desordem e confusão". (2)

Como observa W. F. WILLOUGHBY, o regimen parlamentar, para o seu perfeito funccionamento, requer maior capacidade politica do povo do que o regimen presidencial e só póde dar bom resultado em paizes que, como a Inglaterra, contam seculos de experiencia nas praticas que lhe são peculiares. (3)

Na França, de 1876 a 1914, isto é, durante 38 annos, houve 55 gabinetes. Sete duraram mais de dois annos, seis mais de um anno e dezenove mais de seis mezes. O anno de 1911, declara ESMEIN, viu cahir tres gabinetes, presididos successivamente por Briand, Monis e Caillaux. A 13 de Janeiro de 1912 foi constituido um ministerio presidido por Poincaré, que funccionou até á eleição do seu chefe á presidencia da Republica, em Janeiro de 1913. Durante este anno houve tres gabinetes: um presidido por Briand, outro por Barthou e o terceiro por Doumergue. (4)

---

(1) "El Gobierno del Uruguay", pag. 29.

(2) "Introducción al derecho publico provincial", pag. 116).

(3) There can be little question that of the two systems the sucessful working of the system of Responsible Government necessitates a far higher political capacity in the part of the people than is required in the case of a Presidential Government. Responsible Government was worked well only in the case of England, whose people have had centuries of experience in the working of popular institutions. It was worked indifferently in France, and in most other countries: has given insatisfactory results. (Ob. cit., pag. 358).

(4) "Eléments de droit constitutionnel français et comparé", pag. 255.

Se isto occorre na França, onde existem partidos organizados, que não occorreria no Brasil, se tivessemos a velleidade de instituir o regimen parlamentar?

Invoca-se a nossa tradição. Mas o parlamentarismo não chegou a se implantar definitivamente nos nossos costumes politicos, pois, muitas vezes, a permanencia dos ministerios dependia mais da vontade do Imperador do que da vontade da maioria parlamentar. Por outro lado, não foi uma só vez que o ministerio se demittiu, não obstante estar apoiado pela maioria parlamentar. (1)

Ainda que existisse tradição, não seria possivel, todavia, contestar que ella fôra interrompida por 33 annos de regimen presidencial.

Valeria a pena reatal-a, sem partidos politicos organizados?

Com o regimen federativo, declara Ruy Barbosa, não se compadecem as formas parlamentares. Mesmo que se relute em seguir a autorizada opinião do grande mestre de direito constitucional, não se póde negar, entretanto, que o funccionamento do parlamentarismo na republica federativa seria bem mais complexo do que o é na republica unitaria.

Deve o Brasil fazer tão arriscada experiencia?

Apaixonados pelas *questões politicas,* as quaes nos levam quasi sempre a deixar em plano secundario o estudo dos problemas que interessam ao nosso desenvolvimento, que não seria o regimen parlamentar no Brasil, desde que os Estados pudessem mudar os seus governos mediante o mesmo processo? (2)

Referimo-nos, é claro, á hypothese do parlamentarismo no regimen federativo, porque não só a Constituição não admitte a possibilidade de ser alterada a fórma republicana fe-

---

(1) FELISBELLO FREIRE: "Historia Constitucional do Brasil", vol. I, pag. 151).

(2) Vide SERZEDELLO CORRÊA: "A revisão constitucional".

derativa (art. 90, § 4°) senão tambem porque os Estados de modo algum consentiriam em volver á centralização. (1)

Que impede o legislador de estudar, formular e justificar projectos de leis uteis ao paiz?

Que impede que para as funcções publicas sejam escolhidos os cidadãos mais aptos?

Que impede a disseminação da instrucção, a distribuição rapida da justiça, a verdade eleitoral, o' respeito á lei, o zelo pelo interesse publico?

O regimen presidencial?

Seria injustiça responder affirmativamente.

Mas, então, qual o inconveniente do regimen presidencial?

A omnipotencia do Executivo?

Não, porque com o "suffragio verdadeiramente organizado, com leis eleitoraes que garantam a independencia e a liberdade de voto, não ha que temer as incursões nem as omnipotencias do Poder Executivo. Não ha Poder Executivo omnipotente, não ha Poder Executivo oppressôr, quando existe uma assembléa legislativa consciente de suas attribuições e convencida de sua missão, que limite os actos indebitos do Poder Executivo e que possa tornar effectivas as responsabilidades que a Constituição consagra". (2)

Ademais, semelhante omnipotencia não póde occorrer sómente no regimen presidencial, mas tambem no regimen parlamentar.

Eis o que refere uma correspondencia publicada no *Jornal do Commercio* de 2 de Agosto de 1922, sob a epigraphe — "Notas de um Brasileiro":

A morte surprehendeu Paul Deschanel, ex-presidente da Republica Franceza, alguns dias antes da interpellação que ia fazer no Senado sobre a politica exterior do paiz.

_____

(1) ARAUJO CASTRO: "Manual da Constituição Brasileira", pag. 366.

(2) Palavras pronunciadas por um representante á convenção nacional constituinte do Uruguay quando se discutia o projecto de reforma da constituição daquelle paiz. (MARIANO DE VEDIA Y MITRE: Ob. cit. pag. 74).

A "Revue des Deux Mondes" publicou integralmente o discurso que o finado havia redigido e que é um luminoso testamento politico de um homem de Estado...

Referindo-se á angustia do homem de Estado elevado á presidencia da Republica em França, quando percebe a inercia em que o colloca a constituição do paiz, disse Deschanel:

"E' impossivel, a meu vêr, guiar como deve ser guiada a nossa politica exterior, sem alterar em alguns pontos a organização dos nossos poderes publicos. Os autores da nossa Constituição quizeram com razão evitar a volta do poder pessoal, causa primordial das nossas desgraças, mas só previram o mal para a presidencia da Republica. E, um poder que não está inscripto na lei, a presidencia do Conselho, devassou, pouco a pouco, todos os demais poderes. Tudo paralysou: a presidencia da Republica, a presidencia das camaras, os ministerios e as proprias assembléas que, no maior drama da historia, só puderam registar os factos consummados".

Para corrigir os nossos males seria sufficiente o regimen parlamentar?

Pura miragem. com que se comprazem os espiritos que ainda não quizeram attentar bem para as causas desses males.

Merece ser lido com attenção o seguinte trecho do discurso pronunciado, em 1916, pelo sr. CARLOS DE CAMPOS, actual Presidente do Estado de São Paulo:

"Affirma-se, é verdade, que, na constancia do presidencialismo, erros ou excessos foram commettidos. Erros ou excessos dos homens, porém, e não da instituição de tal arte mal comprehendida ou mal applicada e quiçá adulterada nos seus lineamentos basicos. Se, em consequencia, bem entendido e praticado, como póde e deve ser, o estatuto presidencial é util, para que a aventura da sua desmontagem, quando as advertencias que o visam não passam de falhas ou desvios de simples execução? Pretender-se-á, em tal contingencia, mudar o systema e manter os homens? Substituir o rotulo e guardar os agentes? Porventura já alguem se lembrou de abolir a lei, porque um magistrado a interpretou mal? Por certo que não. Conservemos, portanto, qual se acha, esse pacto fundamental, que é a superior garantia da Republica, como regulador centro de convergencia de todos os apparelhos parciaes do nosso organismo politico. Aperfeiçoemos o meio, o ambiente que o cerca, — e essa é a tarefa de maior alcance — não pela desesperança de melhores dias, tão criminosa como a cumplicidade por omissão, mas pela evangelização predica das excellencias da nossa vitalidade; não pelas apaixonadas e por isso mesmo innocuas censuras de occasião, mas pelo conselho austero, leal e pertinente; não pelos pronunciamentos da demagogia, mas pelo culto do direito; não pela violencia dos quarteis, mas pela serena educação das escolas".

Por que malsinar o regimen presidencial?

Não é com o regimen presidencial que o Brasil se tem imposto no conceito das nações civilizadas?

Não é com o regimen presidencial que S. Paulo tem alcançado o progresso que todos admiramos?

Não é com o regimen presidencial que a prosperidade de quasi todos os Estados se accentúa, dia a dia?

Não nos illudamos. Os nossos males não resultam do regimen presidencial, mas, principalmente, da falta de educação civica.

Um regimen, por si só, nada vale. Os homens é que o fazem bom ou máo, segundo são inspirados pelo bom ou máo pariotismo.

Nada de parlamentarismo! (*)

_____

(*) Agora mesmo, o regimen parlamentar na França acaba de soffrer profundo golpe com a renuncia de Millerand, imposta pela maioria parlamentar.

Para que um regimen parlamentar possa funccionar normalmente e produzir bons effeitos, escreve **FELIX MOREAU**, devem ser reunidas certas condições que não existem em toda parte.

O regimen parlamentar é susceptivel de algumas variantes, mas certos traços lhe são essenciaes.

O funccionamento regular do regimen parlamentar suppõe, primeiro que tudo, um chefe de Estado que não seja no poder o chefe de um partido, que aceite sinceramente o papel elevado e discreto que é o seu, que não tenha uma politica pessoal nem trabalhe secretamente pela queda de um ministerio, que não seja inspirado na escolha dos ministros senão pela preoccupação dos interesses nacionaes e vontade do voto parlamentar e não se deixe influenciar nem por suas sympathias nem por suas antipathias pessoaes. ("Précis élémentaire de droit constitutionnel", pag. 395).

PARLAMENTARISMO. PRESIDENCIALISMO

E' o que não quer a actual maioria do parlamento francez, como se vê dos seguintes trechos do manifesto de Millerand dirigido ao povo francez:

"Fiel ao dever de presidente cumpridor escrupuloso da vontade dos que suffragaram o meu nome, voltei-me para os politicos com os quaes entendia que devia collaborar lealmente. Estes politicos oppuzeram a mais formal recusa aos offerecimentos feitos e exigiram a minha renuncia, pretensão injustificavel que viola o espirito da Constituição. Esta decisão foi inspirada pelo espirito partidario de alguns agitadores e punha por terra as garantias constitucionaes, segundo as quaes, salvo em caso de alta traição, eu não teria de dar contas dos meus actos a ninguem durante o septennato.

Sob a pressão daquelles agitadores, varias reuniões extra-parlamentares decidiram que, não agradando á maioria, o presidente da Republica devia immediatamente abandonar o poder. Ora, isto constituia um precedente perigoso, pois collocaria a presidencia da Republica á mercê das lutas eleitoraes, introduzindo consequentemente o plebiscito nos nossos costumes politicos e dando á Constituição uma estabilidade precaria.

Convencido de que commetteria uma felonia se, mesmo por inercia, me tivesse feito cumplice de uma innovação tão cheia de perigos, só me resolvi a ceder depois de esgotar todos os meios legaes; e, amanhã, ao lado dos bons cidadãos que de todos os pontos do paiz me têm encorajado, recomeçarei a luta pela liberdade, pela Republica e pela França". ("Jornal do Commercio" de 18 de Junho de 1924).

IV

IMPOSTOS E TAXAS. DISTRIBUIÇÃO
DE RENDAS

Estabelece a Constituição Federal:

Art. 7° — E' da competencia exclusiva da União decretar:

1°, impostos sobre a importação de procedencia estrangeira; (*)

2°, direitos de entrada, sahida e estada de navios, sendo livre o commercio de cabotagem ás mercadorias nacionaes, bem como ás estrangeiras que já tenham pago imposto de importação;

(*) Nos termos do art. 9°, § 1°, da Constituição, só é licito a um Estado tributar a importação de mercadorias estrangeiras quando destinadas ao consumo no seu territorio, revertendo, porém, o producto do imposto para o Thesouro Federal.

O intuito dessa disposição foi difficultar a entrada de effeitos commerciaes que pudessem prejudicar a producção e a industria local.

Mas, é bem de vêr que a sua applicação, que, aliás, ainda se não verificou, não poderá deixar de acarretar grandes inconvenientes.

Que importa, diz **AMARO CAVALCANTI**, que o producto do imposto seja para o Thesouro Federal, se os Estados pódem, á vontade, difficultar o commercio externo e, deste modo, fazer diminuir os rendimentos fiscaes da União e, o que mais é, até crear-lhe serios embaraços nas relações de ordem internacional?! ("Regimen Federativo e a Republica Brasileira", pag. 269).

Não seria o caso de supprimir tal disposição?

3°, taxas de sello, salvo a restricção do art. 9°, § 1°, n. 1;

4°, taxas dos correios e telegraphos federaes.

Art. 9° — E' da competencia exclusiva dos Estados decretar impostos:

1°, sobre a exportação de mercadorias de sua propria producção;

2°, sobre immoveis ruraes e urbanos;

3°, sobre transmissão de propriedade;

4°, sobre industrias e profissões.

§ 1° — Tambem compete exclusivamente aos Estados decretar:

1°, taxas de sello quanto aos actos emanados dos seus respectivos governos e negocios de sua economia;

2°, contribuições concernentes aos seus telegraphos e correios.

Art. 12 — Além das fontes de receita discriminadas nos arts. 7° e 9°, é licito á União como aos Estados, cumulativamente ou não, crear outras quaesquer, não contravindo o disposto nos artigos 7°, 9° e 11, n. 1.

A Constituição Americana confere ao Congresso a faculdade de estabelecer taxas, direitos, impostos e sizas, para pagar dividas e provêr a commum defesa e geral bem-estar dos Estados Unidos (art. I, sec. 8ª, n. 1).

Tem sido, algumas vezes, affirmado que essa disposição encerra duas concessões: a) estabelecer taxas, direitos, impostos e sizas; b) provêr a defesa commum e geral bem-estar dos Estados Unidos. Mas, se assim fôra, o Governo Federal, em vez de ser um governo de poderes limitados, seria de illimitados poderes para fazer o que entendesse conveniente em prol do bem-estar dos Estados Unidos.

Consoante a verdadeira interpretação, as palavras — pagar dividas e provêr a defesa commum e geral bem-estar — limitam as palavras — estabelecer taxas, direitos, impostos e sizas. O seu poder de taxação é, pois, restricto aos fins especificados — pagamento de dividas e provimento de defesa commum e geral bem-estar. (1)

O imposto de exportação é expressamente prohibido pela Constituição Americana. (2)

Como esta declara que nenhuma taxa directa poderá ser estabelecida senão em proporção á população dos Estados, (art. I, sec. 9ª, n. 4), a Suprema Côrte julgou inconstitucional, em 1895, o imposto sobre a renda (*income tax*), pelo fundamento de que se tratava de uma taxa directa.

Isso originou a 16ª emenda (de 1913), a qual confere ao Congresso a attribuição de decretar taxas sobre rendas, de qualquer fonte derivadas e independentemente de proporção entre os Estados.

No mesmo anno de 1913, o Congresso estabeleceu, na lei de tarifa, o imposto sobre a renda. Arguida a sua inconstitucionalidade, a Suprema Côrte, em 1916, julgou improcedente tal arguição, manifestando-se pela constitucionalidade desse imposto, que actualmente constitue uma das maiores fontes de receita do Governo Federal. (3)

O artigo 4º da Constituição Argentina declara que o governo federal proverá as despesas da nação com os recursos do thesouro nacional, constituidos pelo producto dos direitos de importação e exportação, da venda ou locação de terras de

---

(1) **KIMBALL:** "The National Government of the United States", pag. 446.

(2) No tax or duty shall be laid on articles exported from any State. (art. I, sec. 9ª, n. 5).

(3) A maior parte da receita dos Estados Unidos é constituida por tres fontes: imposto de importação, taxas de rendimento interno ("excises") e imposto sobre a renda.

O imposto sobre a renda attingiu em 1915 a 39 milhões de dollares, em 1916, a 57 milhões, e, em 1917, a 180 milhões.

O imposto sobre bens moveis e immoveis é a principal fonte de renda dos Estados e municipios da União Americana. Alguns Estados têm estabelecido o imposto sobre a renda e muitos delles taxas sobre heranças (**WOODBURN** e **MORAN:** "The Citizen and the Republic", pag. 352).

propriedade nacional, da renda dos correios e das demais contribuições que, equitativa e proporcionalmente á população, imponha o Congresso Nacional.

Por outro lado, o art. 67 confere ao Congresso a attribuição de estabelecer direitos de importação e exportação (n. 1) e a de impôr contribuições directas, por tempo determinado e proporcionalmente iguaes, em todo o territorio da nação, sempre que o exijam a defesa, segurança commum e bem geral do Estado (n. 2).

A Constituição Argentina, assim como a Americana, só se refere expressamente aos impostos federaes.

A competencia das provincias deriva do referido artigo 4º, que encerra uma delegação de recursos feita pelas mesmas ao governo federal, sob reserva, entretanto, da faculdade de tributar, não só quanto aos recursos não delegados mas tambem no que diz respeito aos delegados sem o caracter de exclusividade.

AGUSTIN DE VEDIA sustenta que "as demais contribuições que, equitativa e proporcionalmente, imponha a Nação", a que se refere o artigo 4º, são apenas as enunciadas no art. 67 n. 2; mas GONZÁLEZ CALDERÓN pondera que, como as contribuições directas só podem ser estabelecidas por tempo determinado, quando a defesa, segurança commum e bem geral do Estado o exijam, o poder federal de taxação ficaria, assim, encerrado em um circulo de ferro, não lhe restando senão as contribuições resultantes dos direitos de importação e exportação e alguns outros de caracter aduaneiro.

Actualmente, é ponto incontroverso que ao Congresso Nacional cabe a faculdade de estabelecer impostos indirectos, taes como os de consumo, que alli existem desde 1891.

Confrontando as disposições das constituições brasileira, argentina e americana, verifica-se:

a) todas tres attribuem exclusivamente ao Governo Federal a decretação dos impostos de importação; *b*) os impostos de exportação são absolutamente vedados nos Estados Unidos; attribuidos ao Governo Federal, na Argentina, e, aos Estados, no Brasil; *c*) os impostos de consumo, nos tres paizes, entram na categoria dos poderes concurrentes, isto é, pódem ser creados tanto pelo Governo Federal como pelos Estados ou Provincias; *d*) o que se verifica em relação aos impostos de consumo, acontece tambem com o imposto sobre a renda, sendo, porém, que, na Argentina tal imposto só póde ser creado com caracter extraordinario "sempre que a defesa, segurança commum e bem geral do Estado assim o exijam". (1)

Como se vê, não é tão defeituosa neste ponto a nossa Constituição, como geralmente se affirma. O maior mal existente consiste no imposto de exportação, prohibido expressamente nos Estados Unidos, e do qual a Argentina lança mão sómente em caso de grande necessidade para o erario publico. (2)

Embora haja uma accentuada tendencia para substituil-o pelo imposto territorial, conferido expressamente aos Estados, o imposto de exportação não poderá desapparecer senão lentamente, porque sobre elle repousa principalmente a maior fonte de receita dos Estados.

Além disso, o imposto trritorial é um imposto directo e, como observa Beard, a experiencia tem demonstrado ser impraticavel levantar sommas consideraveis por contribuição directa. Mesmo onde o governo é forte, como na Inglaterra, deve-se sempre recorrer de preferencia á taxação indirecta. (3)

---

(1) Não basta que exija sómente a defesa ou a segurança publica ou o bem geral do Estado. São tres circunstancias concordantes que devem apresentar-se conjunctamente e não tres situações distinctas previstas separadamente (GONZÁLEZ CALDERÓN: "Derecho Constitucional Argentino", tomo III, pag. 96).

(2) Os direitos de exportação subsistiram na Argentina até 1887, quando os supprimiu o Congresso Nacional, por consideral-os prejudiciaes á principal riqueza do paiz — a pecuaria, mas a grave crise de 1890 impoz ao Governo Federal a necessidade de os incorporar novamente á lei do orçamento. Em 1906, foram outra vez supprimidos, em vista da prosperidade crescente da Nação. Figuram novamente no orçamento desde 1917 e incidem sobre todos os productos que sahem do paiz. Produzem, actualmente, cerca de cem mil pesos por anno. Os direitos de importação constituem na Argentina a principal fonte de renda. (GONZÁLEZ CALDERÓN. Ob. cit., pags. 66 e 67).

(3) "An economic interpretation of the Constitution of the United States", pag. 171.

A não ser a capitação, que só se justificaria em circumstancias excepcionaes para o paiz, é bem de vêr que ao Governo Federal restam sobretudo os recursos provenientes dos impostos de consumo e dos impostos sobre a renda, uma vez que todos reconhecem que os impostos aduaneiros não comportam maior augmento.

Os impostos de consumo têm-se desenvolvido muito. Actualmente, figuram no nosso orçamento com a importancia de 243.800:000$000.

Outro grave inconveniente, existente tambem na Argentina e nos Estados Unidos, é a occurrencia da dupla taxação.

Gonzalez Calderón, manifestando-se sobre o inconveniente da dupla taxação, escreve o seguinte:

"Os inconvenientes de toda ordem que resultam desta dupla taxação são por demais evidentes para que seja necessario pol-os em relevo. Dia a dia, o problema assume maior importancia e requer solução adequada aos interesses nacionaes. Nove provincias — Buenos Aires, Mendoza, San Juan, Tucuman, Corrientes, Santiago del Estero, Catamarca, Salta e Jujuy — hão creado systemas de renda interna analogos ao systema nacional. Os gravames locaes sobre a cerveja, que se elabora na primeira, sobre o vinho, na segunda e terceira, o assucar e o alcool, na quarta, cigarros, em varias dellas, etc., concorrem com os impostos nacionaes de maneira indesejavel, sob qualquer ponto de vista. Estes graves inconvenientes têm sido estudados com todo o desenvolvimento e efficacia em um instructivo relatorio do actual chefe da repartição nacional de impostos internos, dr. José M. Ahumada, apresentado ao Poder Executivo em Novembro de 1916. Segundo o dr. Ahumada, o imposto interno provincial tem tantos inconvenientes de ordem politica, economica e financeira, que se impõe procurar uma solução que consulte os interesses geraes do paiz. Esta solução não póde ser outra senão uma equitativa distribuição da renda interna federal entre a Nação e as Provincias, em proporção á sua população, supprimindo-se em absoluto, por uma prohibição legal expressa, os impostos locaes da mesma indole. Tal solução seria, ao mesmo tempo, justa e conve-

A 3

niente, moldada á Constituição Nacional e harmonica com o que se pratica entre nós e em outros paizes de organização semelhante á nossa... A idéa não é completamente nova neste paiz, pois já em 1907 foi suggerida pelo então director da repartição nacional de impostos internos, dr. Rufino Varella, posteriormente defendida na Legislatura de Buenos Aires e, algumas vezes, no proprio Congresso Nacional. Tem em seu favor o exemplo da Confederação Australiana e de autorizadas opiniões de reputados financistas. Adhiro calorosamente a este plano, mas penso que o melhor modo de realizal-o e assegural-o seria dar-lhe effectividade formal e pratica, mediante uma reforma constitucional que o adoptasse para sempre e impedisse possiveis violações parciaes que o pudessem frustar. Uma lei simplesmente, talvez, não fosse sufficiente". (*)

Para evitar essa dupla taxação, que se póde verificar tanto em relação ao imposto de consumo como no tocante ao imposto sobre a renda, que é, aliás, a fonte de contribuição mais logica, seria curial attribuir, com o caracter de exclusividade, á União — o imposto sobre a renda, e, aos Estados — o imposto de consumo. Mas, tal solução não poderá ser dada nesta occasião, pois a cobrança deste já está bem encaminhada, ao passo que a daquelle, sobre ser difficil, agora é que vai começar a ser experimentada.

Salientando as difficuldades que, na pratica, offerece o imposto sobre a renda, em 1918 declarava o sr. João Luiz Alves, em artigo publicado no *Correio da Manhã*, sob a epigraphe — "O imposto sobre a renda":

"Sem duvida que o imposto sobre a renda é, theoricamente, o mais justo e conveniente dos impostos necessarios á satisfação das funcções sociaes do Estado.

Não fere directamente o capital e o trabalho, porque só incide sobre os proventos de um e de outro, e permitte proporcionar o onus ás faculdades do contribuinte.

(*) Ob. cit. tomo III, pags. 94 e 95.

Sob o ponto de vista pratico, **porém**, offerece inconvenientes de ordem administrativa, quanto á determinação das
taxas, seu lançamento e arrecadação.

Estes inconvenientes são de tal natureza, que nenhum Estado conseguiu ainda fundar o seu **orçamento** no imposto sobre a renda e, naquelles que melhor o organizaram, a sua pro-
ductividade é fraca".

Como não existe restricção alguma, quer quanto á União,
quer quanto aos Estados, poderão estes crear e augmentar taxas a seu bel prazer.

Não seria conveniente estabelecer que, em se tratando
de impostos estabelecidos com fundamento no artigo 12, as taxas dos Estados nunca poderiam exceder ás que fossem decretadas pela União? Ou, melhor, não conviria attribuir taes impostos unicamente á União, sob condição, porém, desta entregar aos Estados uma quota parte (um terço por exemplo)
do producto arrecadado nos respectivos territorios, deduzidas
as despesas de cobrança e fiscalização?

Não valeria a pena evitar uma difficuldade que, infalli-
velmente, surgirá dentro de pouco tempo?

———

V

INTERVENÇÃO NOS ESTADOS. FORMA REPUBLICANA FEDERATIVA. PRINCIPIOS CONSTITUCIONAES

Um dos assumptos que, entre nós, tem provocado maiores discussões é o que se refere á intervenção nos Estados.

Reza o artigo 6º da Constituição Federal:

"O Governo Federal não poderá intervir nos negocios peculiares aos Estados, salvo: 1º, para repellir invasão estrangeira ou de um Estado em outro; 2º, para manter a forma republicana federativa; 3º, para restabelecer a ordem e a tranquillidade nos Estados, á requisição dos respectivos governos; 4º, para assegurar a execução de leis e sentenças federaes".

Muitos julgam indispensavel a regulamentação deste artigo (1); outros, ao contrario, entendem que não só é desnecessaria como inconveniente tal regulamentação (2).

CAMPOS SALLES e PRUDENTE DE MORAES pensavam de modo differente. Este, em mensagem de 14 de Maio de 1896, fazia sentir a necessidade de uma lei reguladora do assumpto e aquelle, um anno antes, já se havia manifestado, no Senado, contrario a qualquer regulamentação, proferindo a sua conhe-

---

(1) PEDRO LESSA: "Do Poder Judiciario", pag. 409.
(2) VIVEIROS DE CASTRO: "Direito Administrativo", pag. 418.

cida phrase: "Se é possivel um corpo politico ter coração, eu direi que neste momento estamos tocando no coração da Republica Brasileira" (1)

Na Argentina, não existe lei alguma regulando o dispositivo constitucional referente á intervenção.

Approvadas pelo Congresso duas leis nesse sentido, foram ambas vetadas pelo Executivo, sob o fundamento de que ellas restringiam poderes que lhe eram outorgados pela Constituição e limitavam a amplitude necessaria para que o Governo Federal pudesse proceder com efficacia e opportunidade nos casos de defesa nacional e das provincias, constituindo assim uma ameaça á perturbação da paz no paiz.

JOAQUIN GONZÁLEZ declara que, depois de ter estudado os poderes conferidos ao Congresso e ao Executivo para tal fim e attendendo á difficuldade de prever todos os casos possiveis de intervenção, chegou á conclusão de que essas leis eram nconstitucionaes e inconvenientes. (2)

Nos Estados Unidos, foi sanccionada, em 1795, a lei organica sobre intervenção federal nos Estados. De accordo com essa lei, o presidente não póde intervir em um Estado, em caso de violencia domestica, senão quando é previamente requerida a protecção federal pela legislatura ou pelo executivo estadual.

---

(1) Recentemente, **HERCULANO DE FREITAS** manifestou-se favoravel á regulamentação, como se vê do seguinte:

"O legislador constituinte traçou a regra, o principio, nas disposições do art. 6º. Mas o legislador ordinario, até agora, ainda não precisou, numa lei organica, os meios praticos de tornar efficazes as disposições constitucionaes, isto é, ainda não definiu qual o poder que intervem, qual o meio da intervenção, qual a sua extensão, qual o seu fim.

Precisamos, pois, realizar obra nacional, tirar do espirito da Constituição o que nos parece resultar directamente dos seus dictames, não só por elles, mas por aquillo que se faz nos Estados de instituições semelhantes e onde se inspirou o legislador brasileiro". (A intervenção federal nos Estados, "Jornal do Commercio", de 17 de Junho de 1923).

(2) "Manual de la Constitución Argentina", pag. 741.

Se, porém, uma insurreição dentro do Estado violenta as leis nacionaes ou embaraça os instrumentos do governo da União ou interrompe a realização das funcções do mesmo, o presidente póde intervir sem a requisição da legislatura ou do executivo do Estado. (*)

A doutrina e a jurisprudencia, tanto no Brasil como na Argentina, têm, de algum modo, supprido a falta de uma lei reguladora do assumpto, firmando certos principios, que quasi não constituem mais objecto de controversia:

a) a expressão *governo federal* abrange todos os orgãos da soberania nacional, agindo cada qual de accordo com a natureza peculiar ás suas funcções constitucionaes;

b) sómente na hypothese do n. 3 é necessaria a requisição dos governos estaduaes e, ainda assim, se a dissenção intestina não tiver compromettido as instituições republicanas; em todos os outros casos, a União intervem *ex-jure proprio;*

c)quando estiver funccionando o Congresso Nacional, a este cabe decretar a intervenção, ficando ao Executivo a missão de effectual-a e ao Judiciario a de, sem interferir no acto politico, conhecer dos factos que incidam nas suas attribuições ordinarias;

d) no intervallo das sessões do Congresso Nacional, se a intervenção se impuzer como necessidade publica, o Executivo deverá decretal-a, salvo no caso do n. 2; nesta hypothese, poderá ser convocado o Congresso Nacional, se assim o exigirem as circumstancias;

(*) Dispõe a Constituição Argentina: "O Governo Federal intervirá no territorio das provincias para garantir a forma republicana de governo ou repellir invasões externas e, á requisição de suas autoridades constituidas, para sustental-as ou restabelecel-as, se houverem sido depostas pela sedição ou por invasão de outra provincia". (art. 6º).

Dispõe a Constituição Americana: "Os Estados Unidos garantirão a cada Estado nesta União a forma republicana de governo e protegerão cada um delles contra a invasão, e, a pedido da legislatura e do executivo (quando a legislatura não possa ser convocada), contra a violencia domestica". (art. IV, sec. 4ª).

e) ao direito, conferido aos governos estaduaes, de requisitar a intervenção, corresponde o dever do Governo Federal de concedel-a;

f) pela expressão *governos respectivos* devem entender-se os tres poderes — Executivo, Legislativo e Judiciario, parecendo logico que o pedido parta daquelle que se sentir usurpado, atacado ou annullado pela sedição ou violencia, para o fim de ser sustentado ou restabelecido, segundo a hypothese;

g) a intervenção torna-se quasi sempre effectiva por intermedio de um representante do Executivo, ao qual se dá o nome de interventor;

h) Os poderes do interventor não são discrecionarios: devem limitar-se, principalmente, á garantia e ao restabelecimento do regimen local alterado ou subvertido. Assim, não lhe é permittido dissolver camaras municipaes eleitas regularmente e que regularmente funccionem. Por outro lado, os actos do interventor federal não pódem attingir, em hypothese alguma, os representantes inamoviveis do Poder Judiciario do Estado.

Mas, a grande difficuldade gira, sem duvida, em torno da expressão *"forma republicana federativa"*.

Que é uma *forma republicana federativa?* (*)

E' uma expressão equivalente á formula *"principios constitucionaes"*, a que se refere o artigo 63 da Constituição?

(*) Com todo o fundamento, **HERCULANO DE FREITAS** salienta a impropriedade desta expressão:

"A Republica é uma forma de governo, e a Federação é uma forma de Estado. Bem claro se torna do proprio texto: Intervir — diz a Constituição — para manter a fórma republicana-federativa. Mas, dentro dos Estados Federados, não ha Federação. Não haveria forma republicana federativa a manter dentro dos Estados. A Federação existe no todo, no conjuncto de todos os Estados que formam a União Brasileira. Cada Estado, de per si, é um Estado "Federado" e não um Estado "Federal"; é um Estado "Unitario". E' preciso, pois, entender o n. 2 do artigo 6º assim: A União poderá intervir para manter a forma republicana. Para manter a Federação, vale o mesmo que dizer: para manter a indissolubilidade da União dos Estados Brasileiros, para manter a integridade do seu territorio". (Trab. cit.).

Se são equivalentes, em que consiste essa equivalencia?

No caso negativo, qual a sancção da violação dos principios constitucionaes?

As constituições americana e argentina referem-se simplesmente á forma republicana de governo.

Segundo a classica definição de Madison, governo republicano é aquelle em que todos os poderes procedem directa ou indirectamente do povo e os administradores não servem senão durante um periodo limitado ou emquanto bem procederem. (1)

A nossa constituição, diz Woodburn, não define o que seja uma forma republicana de governo, e isso tem dado logar a larga controversia; mas, geralmente, se entende que a forma republicana de governo é aquella em que as leis são feitas pelos representantes do povo, escolhendo este, directa ou indirectamente, seus delegados executivos. (2)

Uma fórma republicana de governo, declara Black, é a que se baseia na egualdade politica dos homens. (3)

Segundo González Calderón, são caracteristicas do systema representativo republicano: a) a soberania do povo; b) a responsabilidade dos funccionarios e mandatarios electivos; c) a publicidade dos actos de governo; e) a separação dos poderes governamentaes; f) a igualdade civil de todos os homens perante a lei. (4)

Os mais autorizados interpretes de nossa Constituição, escreve Castro Nunes, conceituam a clausula *forma republicana federativa* (n. 2 do artigo 6°) como equivalente da locução *principios constitucionaes da União,* que o artigo 63 manda que os Estados observem nas suas constituições e leis. De modo que. consoante essa corrente, que tem o primeiro élo

---

(1) "The Federalist", ed. Lodge, pag. 288.
(2) "The American Republic", pag. 55.
(3) "Handbook of American Constitucional Law", pag. 309.
(4) "Derecho Constitucional Argentino", tomo III, pag. 518.

em João Barbalho, os principios constitucionaes que os Estados estão obrigados a respeitar são os que entendem com a *forma republicana federativa.*

O legislador constituinte, declara Herculano de Freitas, "tendo obrigado os Estados ao respeito dos *principios constitucionaes da União,* evidentemente consagrou nessa expressão — *forma republicana* — do art. 6°, todos os principios a que os Estados devem obediencia. Quando elles se organizam constitucionalmente, desrespeitando os *principios constitucionaes da União,* não se realiza nelles a forma republicana que o legislador constituinte quiz que houvesse e, por consequencia, possibilitam a intervenção para c restabelecimento dessa forma". (1)

Se na equivalencia das duas expressões são quasi todos accordes, outro tanto não acontece quando se trata de averiguar quaes os principios constitucionaes:

Barbalho — São principios constitucionaes:

a) a liberdade individual e suas garantias;

b) a democracia;

c) a representação politica;

d) a divisão do poder publico nos tres ramos: legislativo, executivo e judiciario;

e) a forma republicana;

f) o regimen federativo.

Com a form republicana — a temporariedade das funcções publicas e a responsabilidade politica e civil dos gestores das funcções publicas.

Com a federação — a autonomia e a igualdade politica dos Estados. (2)

---

(1) **Trab. cit.**

(2) **Commentarios** á Constituição Federal **Brasileira**", **pag.** 267

Milton — São principios constitucionaes:

a) o regimen representativo e a republica federativa;

b) a divisão de poderes;

c) a autonomia dos municipios;

d) a inviolabilidade dos direitos concernentes á liberdade, á segurança individual e á propriedade de brasileiros e estrangeiros residentes no paiz. (1)

Carlos Maximiliano — São principios constitucionaes os que se acham consagrados nos arts. 1°, 68, 72, 73 e 78, isto é:

a) o regimen representativo e a republica federativa;

b) a autonomia dos municipios;

c) a inviolabilidade dos direitos concernentes á liberdade, á segurança individual e á propriedade de brasileiros e estrangeiros residentes no paiz;

d) o accesso dos cargos publicos, civis ou militares, a todos os brasileiros, observadas as condições de capacidade especial estatuidas por lei, vedadas as accumulações remuneradas;

e) outras garantias e direitos não enumerados, mas resultantes da fórma de governo que ella estabelece e dos principios que consigna. (2)

Herculano de Freitas: — São principios constitucionaes:

a) o regimen representativo;

b) a divisão, harmonia e independencia dos poderes;

c) o regimen presidencial;

d) a autonomia municipal;

e) a inviolabilidade dos direitos concernentes á liberdade, á segurança individual e á propriedade dos brasileiros e estrangeiros residentes no paiz;

f) a capacidade eleitoral fixada pelo artigo 70. (3)

---

(1) A "Constituição do Brasil", pag. 338.

(2) Commentarios á Constituição Brasileira", pag. 644.

(3) Trab. cit. "Jornal do Commercio". de 12 e 14 de Junho de 1923.

No *Manual da Constituição Brasileira* adoptamos os principios enumerados por BARBALHO, com o accrescimo, porém, do que se refere á autonomia dos municipios.

CASTRO NUNES, ao contrario, não admitte a autonomia dos municipios como principio constitucional, mas inclue outras disposições, como a que manda que as aposentadorias sómente sejam concedidas aos funccionarios por invalidez no serviço da Nação, as que asseguram as immunidades parlamentares, a que garante a vitaliciedade e a irreductibilidade dos vencimentos dos juizes, a que declara que o cidadão investido em funcções de qualquer dos tres poderes federaes não poderá exercer as de outro, etc. (*)

Não havendo a Constituição definido o que sejam *principios constitucionaes,* a definição fica ao sabor dos interpretes e, como taes principios são, segundo já vimos, tidos como condensados na expressão *forma republicana federativa,* é bem de vêr que o assumpto poderá apresentar difficuldades insoluveis.

Mas, por que continuarmos nesse labyrintho inextricavel, em que ninguem se entende?

Por que não definir precisamente os principios constitucionaes?

Por que não substituir a expressão *forma republicana federativa* pela formula *principios constitucionaes?*

RUY BARBOSA, sentindo bem a necessidade da definição dos principios constitucionaes, declarou na sua plataforma de 1910:

"A Constituição da Republica, no art. 63, prescreve que "cada Estado se regerá pela Constituição e pelas leis que adoptar, respeitados os principios constitucionaes da União".

Nesta disposição, ha duas lacunas sensiveis, a que urgiria supprir.

(*) As Constituições Estaduaes do Brasil, pags. 22 a 32.

Não se define, primeiramente, o alcance da indicação "principios constitucionaes". Quando se deverão considerar offendidos por uma constituição de Estado "os principios constitucionaes da União"? Claro me parece a mim que é quando numa Constituição estadual se encontrar uma clausula que abra conflicto com os textos da Constituição Federal, ou que nesta não pudesse estar sem lhe contradizer as bases essenciaes.

Materia, porém, de relevancia tamanha não convem, mórmente num paiz como o nosso, deixal-a ao arbitrio dos interpretadores; importa que se defina e em termos que varram de todo ambiguidades.

Em segundo logar, omisso é o texto do art. 63, em que se não determina especie de sancção applicavel no caso. No seu silencio, a illação é que alli se não cogita senão unicamente da sancção judiciaria. Mas esta nem sempre bastará. E é do que vamos ter amostra numa hypothese digna aqui de particular exame..."

Mais tarde, insistiu nessa necessidade, incorporando no programma do partido republicano liberal o seguinte:

a) definir "os principios constitucionaes da União", que o art. 63 da Constituição Federal obriga os Estados a respeitar;

b) instituir a sancção legal para os actos dos Estados que os transgredirem;

c) incluir declaradamente, entre esses principios, as garantias da independencia da magistratura e do voto eleitoral.

A enumeração dos principios constitucionaes deverá obedecer a criterio mais politico do que juridico e poderá ser lata ou restricta, segundo se quizer dar maior ou menor amplitude aos Estados na organização dos seus poderes e respectivas espheras de acção.

Tomada por base a enumeração de BARBALHO, poderão ser incluidos, entre outros, a autonomia municipal e a vitaliciedade dos magistrados estaduaes.

INTERVENÇÃO NOS ESTADOS

Como, porém, tornar effectiva a intervenção?

Matienzo, examinando as emendas possiveis a introduzir na Constituição Argentina, suggere o restabelecimento do dispositivo da Constituição de 1853, que obrigava as Provincias a submetter suas constituições á approvação do Congresso Nacional, pois, na sua opinião, esse é o unico meio pratico de evitar, nas mesmas, instituições contrarias aos interesses communs do povo argentino. (*)

Não haveria, aliás, necessidade de obrigar os Estados a submetter suas constituições á approvação do Congresso Nacional: bastaria conferir expressamente a este a attribuição de reintegral-os nos principios constitucionaes, sempre que taes principios fossem violados.

E foi isso justamente o que aconselhou Ruy Barbosa na sua plataforma de 1910, quando se referiu á inamovibilidade dos juizes estaduaes:

"Problemas constitucionaes desta gravidade, porém, não se hão de entregar á discreção dos hermeneutas. O texto constitucional mesmo os deve resolver. Se não quizerem unificar a magistratura, necessario será, pois, quando menos, amparal-a com a égide da União nos Estados, ditando-lhes como regra geral, quanto a ella, a vitaliciedade, a insuspensabilidade administrativa e a irreductibilidade nos vencimentos dos magistrados.

Mas, acontecendo que, estatuido, na constituição revista, esse projecto venha a ser infringido, valeria aqui, só por si, a sancção judiciaria, o simples recurso para os tribunaes federaes? Evidentemente não. Os tribunaes só intervêm por acção individual, e, decidindo unicamente em especie, só em especie obrigam a parte vencida. Assim que, não se dando por vencido o Estado infractor, senão a respeito de cada caso particular,

---

(*) Durante a vigencia do texto da Constituição de 1853, o Congresso, ao approvar algumas constituições, desapprovou certas clausulas por julgal-as infringentes da Constituição Federal. ("El Gobierno Representativo", pag. 333).

necessario seria que a magistratura estadual toda recorresse á Justiça, para que, naquella região, se restabelecesse a ordem constitucional. Ora, a restauração desta é de direito publico e de publico interesse. Logo, nesta hypothese, como nas demais em que a Constituição de um Estado contravier a ordem republicana federativa, nas suas bases, cumpre conferir, de modo explicito, ao Congresso Nacional, a attribuição de a reintegrar, avocando a si a questão e resolvendo-a legislativamente". (*)

(*) "Quando o legislador nacional verificar que ha um vicio nas instituições de um Estado, ou quando o Supremo Tribunal em um julgado assim o decidir, é evidente a necessidade da intervenção para remodelar as instituições desse Estado.

E, se uma longa vida constitucional do Estado, de permanentes e ininterruptas relações della com os poderes nacionaes, se tem manifestado e se reconhece depois um vicio nas suas antigas instituições, os poderes nacionaes, verificado esse facto, estarão impedidos de dar remedio a essa situação?

Juridicamente parece que não. Não póde haver organização local contraria aos principios da Constituição Federal.

O legislador constituinte o proclamou: "Os Estados se regerão pelas Constituições e leis que adoptarem, respeitados os principios constitucionaes da União".

Por consequencia, toda a organização local que se fizer em desrespeito a esse principio da Constituição Federal é uma organização viciada e, portanto, nulla...

Se a Constituição do Estado, por exemplo, contiver regras, para a sua reforma, que não estejam em desaccordo com a Constituição Federal, a remodelação poderá fazer-se de accôrdo com as proprias regras dessa Constituição local. Quando, porém, essas regras forem contrarias ás disposições da Constituição Federal, o legislador nacional deve, na lei de reconstrucção, não só determinar os pontos a remodelar como tambem o modo de realizar essa remodelação". (HERCULANO DE FREITAS: Trab. cit., "Jornal do Commercio" de 17 de Junho de 1923).

VI

PERIODO DE FUNCCIONAMENTO DO CONGRESSO NACIONAL

Declara a Constituição Federal que o Congresso reunir-se-á na Capital Federal, independentemente de convocação, a 3 de Maio de cada anno, se a lei não designar outro dia, e funccionará quatro mezes da data da abertura, podendo ser prorogado, adiado ou convocado (art. 17).

Já tem quasi força de lei a praxe estabelecida pelo Congresso de sómente encerrar as suas sessões a 31 de Dezembro de cada anno, funccionando assim o dobro do periodo previsto pelo legislador constituinte. (*)

(*) Na Argentina, as sessões do Congresso começam a 1º de Maio e terminam a 30 de Setembro. Acontece, ás vezes, que nesta data não estão ainda votados os orçamentos e, como não é o Congresso quem proroga as suas sessões, mas o presidente da Republica, deste fica dependente a continuação dos trabalhos mediante prorogação ou convocação de sessão extraordinaria. O periodo do anno financeiro começa a 1º de Abril e termina a 31 de Março.

Nos Estados Unidos, a Constituição exige uma sessão annual do Congresso, a qual começa no primeiro domingo de Dezembro. A legislatura é apenas de dois annos. A primeira sessão começa em Dezembro de cada anno impar e estende-se theoricamente até Dezembro seguinte, mas na pratica é levantada, algumas vezes, na primavera ou no verão. A segunda sessão começa em Dezembro de cada anno par e estende-se apenas até 4 de Março, quando termina a legislatura. Ha, por conseguinte, uma interrupção de nove mezes, salvo o caso de convocação especial dos membros da nova legislatura, eleitos em Novembro do anno anterior.

Todos reconhecem o grande inconveniente dessa praxe, mas ainda se não descobriu o meio efficaz de impedil-a.

Refere CARLOS MAXIMILIANO que a causa commum e unica das prorogações até 31 de Dezembro é a demora em ser con vertida em lei a proposta de orçamento. (*) Mas é bem de vêr que semelhante justificativa não póde ser acceita senão quando o Executivo retarda muito a remessa da proposta orçamentaria.

Tem-se entendido que esse inconveniente sómente poderá ser corrigido com uma emenda constitucional.

O programma do partido federalista do Rio Grande do Sul estabelecia o seguinte:

"Não haverá subsidio nas prorogações, podendo o Con gresso funccionar cinco mezes".

O assumpto foi tambem incluido no programma de revisão da primeira dissidencia paulista, que assim se manifestou:

"Está verificada a insufficiencia do periodo de quatro mezes para as sessões annuaes do Congresso. Augmental-o é imprescindivel. Supprimindo-se o subsidio nas prorogações, que têm sido de tres e quatro mezes, serão evitadas, em parte, as censuras da lentidão e esterilidade dos trabalhos legislativos e ficará estabelecida uma medida de economia para o paiz".

No programma do partido republicano liberal se fazia sentir igualmente a necessidade de "modificar o artigo 17 da Constituição, instituindo que os membros do Congresso Nacional não vencerão subsidio durante as suas prorogações e estendendo a seis mezes a duração das suas sessões ordinarias".

A nosso vêr, em logar dos alvitres propostos, seria preferivel estabelecer expressamente que as prorogações não poderiam exceder de 60 dias. Desta maneira, as sessões terminariam fatalmente a 3 de Novembro, havendo, por conseguinte, tempo

---

(*) "Commentarios á Constituição Brasileira", pag. 270).

sufficiente para a distribuição des creditos orçamentarios e expedição de instrucções e regulamentos necessarios á cobrança de impostos creados ou alterados durante a sessão legislativa. Por outro lado, os deputados e senadores poderiam permanecer mais tempo nos seus Estados e cuidar melhor dos seus interesses politicos e particulares.

Calculado o subsidio em relação ao periodo de seis mezes, nenhum prejuizo lhes adviria, ao passo que com essa medida muito lucraria a administração publica.

Para os casos de urgente necessidade, restaria o recurso da convocação extraordinaria.

Quando não se adopte uma emenda nesse sentido, que, ao menos, se modifique, por lei, o anno financeiro para Abril a Março ou Julho a Junho, pois não ha negar que o regimen actual é inteiramente contrario ao regular funccionamento dos serviços publicos.

A 4

V I I

NUMERO DE DEPUTADOS

O numero de deputados, declara a Constituição Federal, será fixado por lei em proporção que não exceda de um por 70.000 habitantes, não devendo, porém, esse numero ser inferior a quatro por Estado.

Para tal fim, o recenseamento da população da Republica será revisto decennalmente (art. 28, §§ 1º e 2º).

Nos Estados Unidos, determina a Constituição que o numero de membros da Casa dos Representantes seja fixado pelo Congresso, comtanto, porém, que não exceda de um por 30.000 habitantes. (*)

Na Argentina, a Constituição declarava que o numero de deputados seria na razão de um por 20.000 habitantes ou de uma fracção que não fosse inferior a 10.000. Com o augmento da população, tornou-se evidente a necessidade de sua reforma neste ponto, e, assim, a emenda de 15 de Março de 1898 adoptou o systema americano, estabelecendo a base de 30.000 e conferindo ao Congresso o poder de augmental-a depois da realização de cada censo.

(*) A base de 30.000 habitantes, fixada em 1790, foi augmentada para 93.000 em 1850, para 152.000 em 1880 e para 212.000 em 1910.

Entende Barbalho que a nossa Constituição estabelece uma base fixa, da qual o Congresso se não póde afastar:

"Dar ao Congresso o arbitrio de fixar por lei ordinaria o numero de membros de que se deva compor fôra temeridade em assumpto a que se ligam os mais altos interesses nacionaes; dahi a necessidade de se estabelecer uma base fixa para, acompanhando o augmento da população, dar ao paiz representação tanto quanto possivel proporcional ao numero de seus habitantes. Mas, como por outra parte são obvios e grandissimos os inconvenientes de assembléas deliberantes compostas de mui crescido numero, teria sido curial a adopção de alguma das emendas que propunham o limite maximo do numero de deputados" (*)

O dr. Cassiano Tavares Bastos, sustentando opinião contraria, escreve o seguinte:

"A Constituição não diz que o numero de deputados será fixado por lei em proporção de um por setenta mil habitantes, mas em proporção que "não excederá" de um por setenta mil habitantes. Fixou, portanto, a proporção maxima que a lei ordinaria, em hypothese alguma, poderia augmentar, diminuindo a base de setenta mil, isto é, impediu expressamente, para o fim mesmo de evitar os inconvenientes das assembléas deliberativas muito numerosas, que o legislador commum estabelecesse a representação proporcional, na base, por exemplo, de trinta mil habitantes, o que elevaria de muito o numero de deputados".

Apoiando esta doutrina, assim nos externamos na 2ª edição do *Manual da Constituição Brasileira*:

"Afigura-se-nos evidente que o Congresso póde adoptar uma base superior a setenta mil habitantes, porque, assim o fazendo, a proporção não excederá de um por setenta mil habitantes. Essa proporção, ao contrario, será tanto menor quanto maior fôr a base estabelecida.

(*) "Commentarios á Constituição Federal Brasileira", pag. 86.

A redacção do art. 28 é perfeitamente identica á do dispositivo da Constituição dos Estados Unidos, e nesse paiz, como já vimos, a base estabelecida tem sido successivamente augmentada no sentido de impedir um consideravel numero de deputados.

O que a Constituição não permitte é que um deputado corresponda a um grupo de habitantes inferior a setenta mil, nada impedindo, porém, que um deputado corresponda a um grupo de habitantes igual ou superior a setenta mil habitantes".

Recentemente, porém, o sr. Arnolpho Azevedo, com a sua dupla autoridade de jurista eminente e presidente da Camara dos deputados, fez reviver a opinião de Barbalho, declarando o seguinte:

"E' chegado o momento de cumprir o preceito da nossa Constituição, que impõe a rigorosa proporcionalidade da representação nacional, estabelecendo em lei ordinaria as bases definitivas que devem substituir as da representação actual, *dentro da proporção de um deputado por setenta mil habitantes, estatuida naquella magna lei*".

O partido federalista do Rio Grande do Sul propunha que a Camara fosse reduzida a 150 deputados.

O manifesto da primeira dissidencia paulista suggeria tambem a reducção, justificando-a do seguinte modo:

"As assembléas numerosas não são as mais aptas para a elaboração das boas leis.

Da existencia de grandes Estados e da possibilidade do crescimento excessivo de alguns, em desproporção com o de outros, póde resultar a formação de deputações tão numerosas, que façam preponderar no Congresso interesses locaes sobre os nacionaes. Para remover esses inconvenientes, que, nós, paulistas, com inteira insuspeição, reconhecemos, pugnaremos pela reforma do paragrapho 1º do art. 28 da Constituição, afim de estabelecer que o numero de deputados seja determinado por lei, em proporção que não exceda de um por cento e cincoenta mil habitantes, não devendo esse numero, em rela-

-ção a cada Estado, ser inferior a quatro nem superior á sexta parte da totalidade dos membros da Camara".

Mostrando os inconvenientes das assembléas numerosas, observa ASSIS BRASIL:

"O ruido, a confusão, a difficuldade de obter occasião de falar e ser ouvido, a impossibilidade de discutir bem e de bem votar annullam completamente a acção dos representantes possuidores de temperamento menos ardente e proporcionam a poucos espertos meios habeis de fazer passar tudo quanto lhes convem. Os representantes calmos, amigos do silencio e da bôa ordem, incapazes de incutir á força de berros ou de cabala as suas opiniões, chegam a experimentar certo allivio, quando encontram algum collega capaz de arrostar o tumulto, e confiam os assumptos a essas raras salamandras politicas, que sabem atravessar interematas as chammas da anarchia parlamentar. Outros, suffocam os clamores da consciencia e fogem do recinto, abandonando, quanto pódem, o desempenho do dever. O poder legislativo, pois, á força de querer universalizar-se, depositando-se em maior numero de cidadãos, só consegue ser empolgado por meia duzia de cabalistas e manobreiros.

Outro perigo das grandes massas legislativas está em que só nellas se torna possivel esse estranho phenomeno de mutua suggestão, de emoção collectiva, que, levado num sentido, se chama terror panico, e, no sentido opposto, arrebatamento enthusiastico. Uma assembléa legislativa com os transportes da multidão é tudo quanto póde haver de menos conveniente. Nos periodos ordinarios, funcciona mal, por excessivamente flacida e languida; nos momentos extraordinarios, move-se com impeto vertiginoso, impellida mais pelo sentimento do que pela razão. E' um vehiculo mui pesado, que se arrasta a grande custo nas encostas e no terreno plano, mas que poderá precipitar-se desastrosamente quando tiver de descer uma rampa". (*)

(*) "Do Governo Presidencial", pags. 204 e 205.

Ha uma razão poderosissima, declara GONZÁLEZ CALDE-RÓN, para defender o principio das camaras pouco numerosas: existe nos politicos da raça latina uma tendencia innata para a verbosidade, um apego quasi irremediavel aos discursos lon-gos, aos interminaveis debates. Isso acarreta uma lamentavel perda de tempo precioso, não devendo, por conseguinte, ser augmentado o numero de deputados senão no que fôr estri-ctamente ncessario. (*).

De tal modo se nos afigura deploravel o augmento do nu-mero de deputados, que, embora estejamos convictos de que a razão está de nosso lado, receberiamos com prazer uma emenda que tornasse incontroversa semelhante disposição.

(*) "Derecho Constitucional Argentino", tomo II, pag. 362.
Na Argentina ha 120 deputados e nos Estados Unidos 435.

VIII

INELEGIBILIDADE. INCOMPATIBILIDADE

Sustentando que a lei ordinaria não póde estabelecer casos de inelegibilidade, além dos que se acham previstos na Constituição Federal, escrevemos no *Manual da Constituição Brasileira*:

"Cumpre dizer que toda a erronea interpretação que se tem dado neste sentido dimana do projecto do Governo Provisorio, que não distinguiu inelegibilidade de incompatibilidade, estabelecendo no art. 26 o seguinte:

"São inelegiveis para o Congresso Nacional: 1º, os clerigos e religiosos regulares e seculares de qualquer confissão; 2°, os governadores; 3°, os chefes de policia; 4°, os commandantes de armas, bem como os demais funccionarios militares que exercerem commando de forças de terra e mar, equivalentes ou superiores; 5°, os commandantes de corpos policiaes; 6°, os magistrados, salvo se estiverem avulsos ha mais de um anno; 7°, os funccionarios administrativos demissiveis independentemente de sentença".

Da discussão travada no seio da Assembléa Constituinte, verifica-se que reinou sempre confusão sobre o conceito dessas palavras, confusão esta de que ainda se não libertou o legislador ordinario...

O legislador constituinte não autorizou o Congresso a estabelecer casos de inelegibilidade: mandou unicamente *que elle declarasse, em lei especial, os casos de incompatibilidade eleitoral.*

Incompatibilidade, porém, é cousa perfeitamente distincta de inelegibilidade. Por esta entende-se a qualidade ou condição do que não é elegivel, ao passo que a incompatibilidade é a prohibição, expressa na lei, de se reunir no mesmo individuo, simultaneamente, o exercicio de dois ou mais vencimentos ou a pratica de dois ou mais actos. (1)

Importa, diz DUGUIT, não confundir a inelegibilidade com a incompatibilidade. A inelegibilidade traz como consequencia a nullidade da eleição. Na incompatibilidade, ao contrario, a eleição é regular e válida; sómente aquelle, cuja funcção é incompativel com o mandato legislativo, deve optar em certo prazo depois do seu reconhecimento. (2)

Nos Estados Unidos, toda a legislação, em materia eleitoral, é da competencia dos Estados. Estes não pódem, todavia, accrescentar outras condições ás que são exigidas pela Constituição Federal para a eleição dos membros de qualquer das casas do Congresso. (3)

A verdadeira interpretação, declara BEARD, é a que tem sido dada por Hopkins, que, referindo-se ao Senado, sustenta que nem este, nem o Congresso, nem os Estados têm competencia para tal fim. (4)

Se são poucos os requisitos constitucionaes, que se accrescentem outros, ou que, ao menos, se autorize o Congresso a fazel-o.

---

(1) **AULETE**: Diccionario Contemporaneo, pag. 945.

(2) Droit Constitutionnel, vol. II, pag. 262.

Acceneremo ora alla differenza tra ineleggibilitá ed incompatibilitá. Questa non vizia l'eleggibilitá e ben puó farsi la elezione del candidato, ma questi, se perduri la causa della incompatibilitá, non potrá assumer la funzione. (Avv. **CESARE BALDI**: "Elettorato ed eleggibilitá", pag. 150).

(3) The States have no power to add the qualifications which are required for membership in either house of Congress and all laws which attempt to do so are mere self-denying ordinances (**REINSH**: "American Legislatures and Legislative Methods", pag. 15).

(4) American Government and Politics, pag. 240.

O que se nos afigura desarrazoado é estabelecer casos de inelegibilidade sem alterar neste ponto a Constituição. (*)

(*) Esta nossa opinião é apoiada por **HERMAN JAMES** nos seguintes termos:

"The constitution prescribes both qualifications and disqualifications for the office of federal deputy. As positive conditons of eligibility it requires the enjoyment of the rights of a Brasilian citizen, the possession of Brasilian citizenship for more than four years, and eligibility for being inscribed in the voters'list, that is the possession of the qualifications of an elector. In conformity with the accepted constitutional doctrine in the United States, it would seem that congress would have no power to extend or contract theses constitutional prerequisites, and such is the opinion of Castro in his "Manual da Constituição Brasileira". ("The Constitutional System of Brasil", pag. 61).

As constituições estaduaes só cogitam das inelegibilidades, deixando á lei ordinaria a materia das incompatibilidades. Mas conceituam como casos de inelegibilidade situações que mais precisamente entrariam no quadro das incompatibilidades (**CASTRO NUNES**: "As Constituições Estaduaes do Brasil", pag. 53).

IX

DELEGAÇÃO DE PODERES

Na França, os escriptores mais autorizados combatem a delegação de poderes. A faculdade de fazer a lei, dizem elles, não é um direito que se haja conferido ao Parlamento, mas um encargo que se lhe impoz, e, assim sendo, o poder legislativo não póde ser delegado. Além disso, a delegação importa a violação das constituições que estabelecem o principio da separação de poderes. (1)

Nos Estados Unidos, é principio dominante que nenhum dos poderes póde confiar aos outros o exercicio das attribuições que lhe são outorgadas pela Constituição.

Cumpre dizer, porém, que, de certo tempo a esta parte, se observa nesse paiz uma grande tendencia para a delegação de funcções legislativas. (2)

A este respeito tem sido vacillante a jurisprudencia do Supremo Tribunal Federal. Ora declara que tal delegação é inconstitucional (3), ora se manifesta em sentido contrario. (4).

---

(1) BARTHELEMY "Droit administratif", pag. 100 — DUGUIT: "L'Etat", vol. II, pag. 338.

(2) BLACK: "Handbook of American Constitutional Law", (8ª edição).

(3) Acc. n. 1693, de 4 de Maio de 1910 — Acc. n. 651, de 27 de Dezembro de 1911 — Acc. n. 2.102, de 22 de Janeiro de 1912.

(4) Acc. n. 2.270, de 3 de Julho de 1915.

O nosso regimen não comporta a delegação de poderes.

Desde que a Constituição define e limita as attribuições do Legislativo, Executivo e Judiciario, todos tres harmonicos e independentes entre si, é bem de vêr que um não póde exercer faculdades que a outro foram conferidas. (*)

Muitos proclamam a incapacidade do Legislativo para a elaboração de certos trabalhos, justificando assim a delegação de poderes.

Ainda ha pouco, ASTOLPHO REZENDE, em artigo publicado na *Revista de Direito Publico e de Administração Federal, Estadual e Municipal*, sob a epigraphe "A incompetencia do Parlamento para a elaboração das leis", escreveu o seguinte:

"Já é, entre os pensadores, uma idéa vencedora que o Parlamento, como assembléa fundamentalmente politica que é, agitada por paixões e impulsionada por interesses, é absolutamente inapto para o exercicio da funcção legislativa...

Por isso, a aspiração geral é para se subtrahir ao Parlamento esta tarefa, deixando-lhe apenas o trabalho da homologação.

Jurisconsultos, dos de maior nomeada, batem-se fervorosamente por esta reforma. Lembrarei os nomes de Vertrand, Glasson, Garsonet, Lyon-Caen e Gény, para só me referir aos francezes...

No que nos diz respeito, os exemplos são eloquentes. O que ha, por exemplo, de desconnexo e de contradictorio no nosso Codigo Civil é obra do Parlamento, que por emendas de ultima hora desconjuntou em mais de um ponto o organismo do projecto. Bastaria lembrar o que praticou a Camara dos Deputados, abrindo uma imperdoavel excepção ao principio da lei nacional, subtrahindo ao seu imperio o estrangeiro, desde que casado com brasileira, ou tenha filhos brasileiros, quebrando asim a unidade de uma lei essencialmente una...

(*) MC. CLAIN: "Constitutional Law in the United States", pag. 62.

Dizem que na Inglaterra existe uma especie de "atelier" legislativo, ao qual é ordinariamente confiada a redacção dos "bills" governamentaes. E' uma instituição modesta, que funcciona sem ruido, e graças á qual o estylo verboso e obscuro das leis inglezas ganhou em precisão e clareza.

E' a tarefa que, entre nós, exercem habitualmente os ministros de Estado, por meio das delegações legislativas, contra as quaes se clama, mas que são a mais perfeita demonstração da absoluta incapacidade do Congresso Nacional, assembléa politica — para a delicada tarefa da elaboração da leis".

No Senado e na Camara têm assento espiritos brilhantes, juristas de reconhecido valor. Desde que as commissões fossem constituidas desses homens, todos os trabalhos, salvo casos especiaes (como a organização de codigos, por exemplo) poderiam ser perfeitamente effectuados no seio das proprias commissões, restando ao plenario apenas o trabalho de approval-os sem alterações fundamentaes. Mas, verdade é que, não raro, as leis sahem, infelizmente, do Congresso inçadas de defeitos, que revelam, aliás, mais falta de attenção do que propriamente incompetencia do legislador.

A delegação de poderes é praxe tão inveterada entre nós, que poucos acreditam na sua extirpação. (*)

Para acabar com a anomalia de ser considerada, ora constitucional, ora inconstitucional, acarretando isso, ás vezes, serios prejuizos aos direitos individuaes, afigura-se conveniente prohibil-a expressamente, ou então assegurar a sua legitimidade, introduzindo-se uma disposição concebida, mais ou menos, nos seguintes termos: Sempre que o Legislativo autorizar o Executivo a expedir decretos ou regulamentos sobre organização de serviços publicos, este, logo que sejam publicados taes

---

(*) Isto mesmo não escapou ao espirito observador de **HERMAN JAMES**: "Sanctioned now by many years of practice this is a constitutional tradition which could with difficulty be broken down, especially under the peculiarities of the political party situation of Brasil — (Ob. cit. pag. 78).

actos, submettel-os-á á deliberação daquelle, sendo considerados tacitamente approvados se o não forem expressamente dentro do prazo de um anno, a contar da data do recebimento da mensagem.

Não seria esse o meio de regularizar uma pratica por demais irregular?

X

CAUDAS ORÇAMENTARIAS. VETO PARCIAL

Entre as praticas que vão deturpando o nosso regimen, nada se assemelha ás caudas orçamentarias. Durante o periodo da sessão legislativa, são constituidas apenas por um limitado numero de disposições de interesse publico; mas, poucos dias antes do encerramento, desenvolvem-se extraordinariamente, avolumam-se de modo assustador. Ahi tudo se encontra: medidas eleitoraes, favores pessoaes, despesas injustificadas, dispositivos contradictorios; criam-se máos precedentes, subvertem-se normas salutares.

Em sua mensagem de 3 de Maio ultimo, pondera o sr. Presidente da Republica:

"Sem preceitos constitucionaes expressos e terminantes, que impeçam as denominadas "caudas orçamentarias", cancro dos orçamentos, que os corróe e os anniquila, nada de estavel poderá ser obtido nas finanças publicas.

Não ha como esconder que os melhores propositos para evitar esse mal, que já é sediço e quasi ridiculo proclamar, nada conseguirão, se a Constituição não o prohibir de modo insophismavel, contra o natural pendor do menor esforço por parte do Poder Executivo e do Poder Legislativo, inclinados e habituados a resolver todas as questões nas caudas dos orçamentos".

Assumindo a presidencia da Camara dos Deputados na presente sessão legislativa, disse o sr. ARNOLPHO AZEVEDO:

"Em nossas leis de despesas, se nas tabellas e rubricas fixam-se quantias, nas autorizações complementares, a que se dá o já consagrado nome de — cauda orçamentaria — tudo se annulla, tudo se destróe: o que era fixo passa a ser movel, o que se limitou torna-se illimitado, de sorte que a lei expressamente destinada a fixar a despesa federal tem a funcção diametralmente opposta de instabilizar, de tornar fluctuante, de mobilizar até o imprevisto essa despesa, que a Constituição quer rigorosa e préviamente estabilizada, certa, fixada. E, não só na cauda tudo se autoriza, em materia de despesa publica, mas sobre todos os assumptos se prescreve e se legisla, de tal arte e com tal abundancia que, sobre despesas, de muito se ultrapassa o computo total orçamentario e, sobre legislação permanente, vai a volumes innumeraveis essa obra autorizativa em que todas nossas reformas se assentam e se edificam".

E, mais recentemente, o sr. Sampaio Vidal, Ministro da Fazenda, na introducção da proposta orçamentaria para 1925, escreveu o seguinte:

"Com a cauda orçamentaria, que envolve um segundo orçamento, quasi clandestino, sem receita para fazer face ás despesas autorizadas — é absolutamente impraticavel a regularização das'finanças brasileiras. O orçamento vigente encerra na cauda cerca de oitocentos mil contos de despesas autorizadas. E' um segundo orçamento avultado, parallelo, mas sem receita para custeal-o. E, como executar orçamento equilibrado, desde que só as autorizações legislativas já representam os germens de um "deficit" formidavel?"

Para grande mal, grande remedio: o veto parcial!

E' este o unico meio de impedir as emendas, cuja illegitimidade é manifesta, pois que, constituindo proposições principaes, nada têm de commum com o objecto das leis orçamentarias.

Taes medidas são evidentemente contrarias ao espirito da Constituição, porque não são emendas na accepção rigorosa da palavra e, assim, não devem ser acceitas. (1)

Algumas vezes, observa KIMBALL, a viciosa pratica de incorporar assumpto de legislação ordinaria em projectos orçamentarios tem sido adoptada para assegurar a approvação de qualquer medida. Este methodo de legislação (*by riders*) era livremente empregado durante o governo de Andrew Johnson, mas, em 1879, encontrou resistencia por parte do presidente Hayes, que vetou toda a lei de orçamento, a que os *riders* estavam ligados. Recentemente, porém, reviveu a pratica e, em 1912, o presidente Taft vetou duas leis orçamentarias, declarando que a importante e absoluta necessidade de fornecer fundos para a manutenção do governo não podia constituir motivo para que o Congresso forçasse o Executivo a acquiescer em permanente legislação que, em consciencia, não lhe era licito approvar. (2)

WOODBURN e MORAN, depois de referirem a impopularidade de que gozam nos Estados Unidos as caudas orçamentarias, declaram que isso demonstra a conveniencia de conferir ao Presidente a faculdade de vetar qualquer disposição ou parte do orçamento, sem haver necessidade de vetal-o todo. (3)

Actualmente, assignala BEARD, essa pratica de ligar *riders* ao orçamento é um tanto desacreditada e raras vezes empregada. (4)

---

(1) "Manual da Constituição Brasileira", pag. 94.

Apoiando a nossa opinião, escreve **HERMAN JAMES**:

"On the other hand, the practice of attacking to the budget law so called amendments which embody permanent legislative provisions, while the budget itself is an annual measure is certainly contrary to the spirit of the constitutional provisions relating to the legislative process. The rules of procedure of the houses also forbid it. ("The Constitutional System of Brasil", pag. 74).

(2) "The National Government of the United States", pag. 219.

(3) The Citizen and the Republic", pag. 296.

(4) "American Government and Politics", pag. 202.

As Constituições americana, argentina e mexicana não admittem o veto parcial.

O ex-presidente Epitacio Pessôa, em sua mensagem de 10 de Março de 1922, declara o seguinte:

"Eu sou francamente pelo veto parcial. Julgo-o não só da mais alta e urgente conveniencia publica como perfeitamente admissivel no regimen da nossa Constituição. E' o unico meio de responder a essa fraude contumaz com que todos os annos, desde que se proclamou a Republica, e á semelhança do que se fez outr'ora na Inglaterra contra a Camara dos Lords e nos Estados Unidos contra o Presidente, procuramos nas caudas orçamentarias impôr ao Poder Executivo medidas as mais estranhas, contra as quaes em projectos de outra natureza se revoltaria o seu zelo pelos principios constitucionaes ou pelos interesses da Nação.

Eu sou pelo veto parcial. Delle não usei no caso do orçamento deste anno, porque não havia meio de applical-o ás tabellas, onde, a meu vêr, muitas consignações deviam ser creadas ou supprimidas, outras reduzidas ou augmentadas. Além disso, eu sabia que a opinião geral lhe é contraria e não tinha o direito, como chefe de Estado de, em momento de tal gravidade, tentar a adopção dos meus pontos de vista doutrinarios, nem devia abandonar a renovação de um projecto, que eu considerava verdadeira calamidade nacional, á preliminar aventurosa de uma discussão academica".

Não lançando mão do veto parcial, andou muito bem o sr. Epitacio Pessôa, pois o não admitte a nossa Constituição.

O systema da constituição argentina é semelhante ao nosso.

Poderia criticar-se declara Gonzalez Calderón, o systema da Constituição no ponto em que todos os casos de veto do projecto de lei ou de algumas disposições obrigam o Congresso a reconsideral-o por inteiro e a insistir forçosamente sobre todo elle, sem haver previsto que as objecções do Executivo a alguma ou algumas de suas partes poderiam ser acceitas, entrando as demais em vigor, como deveria ser no caso do orçamento. Do contexto do artigo 72 infere-se facilmente que o Congresso deve insistir sobre o projecto inteiro... Se as camaras divergem sobre as objecções, o projecto não poderá repetir-se na sessão desse anno. Portanto, se o Executivo ha observado um artigo ou um *item* do orçamento, e este não conta com os dois terços de votos em ambas as camaras, ou se as camaras divergem sobre as objecções, todo o projecto se considerará fracassado. Ademais, quando o Executivo impugna um artigo ou um *item* do orçamento, todo este deve voltar ás camaras, suspendendo-se assim a applicação das disposições não objectadas. Nesta theoria constitucional, que se ha deduzido dos termos do artigo72, tem-se apoiado sempre o Congresso para fazer do orçamento qualquer cousa menos do que deveria ser, convertendo-o em um mosaico de leis de toda especie. Como o veto do presidente dilataria sua applicação ou talvez tornasse perigosa a sancção do mesmo, e aquelle é o primeiro interessado em sua prompta approvação, as camaras incluem no orçamento grande quantidade de cousas que não passariam se fossem objecto de leis especiaes. Este modo de legislar não é o que tem em vista a Constituição, primeiro, porque se desnatura o fim do orçamento definido no § 7° do artigo 67 — e segundo, porque de facto se despoja o Executivo de suas funcções e direitos de poder colegislador. Em taes hypotheses o direito de veto fica praticamente annullado" (1)

No veto parcial, as disposições vetadas ficam sem valor algum, salvo se forem novamente discutidas e votadas, consoante as normas estabelecidas para qualquer projecto. (2)

E isso importa dar ao veto um caracter absoluto, pois que invalida todas as disposições por elle attingidas, em desaccordo flagrante com a nossa Consttuição, que só admitte o veto relativo.

---

(1) "Derecho Constitutional Argentino", tomo III, pag. 40.

(2) A provision that the governor shall have the power to disapprove any items or item of any bill making appropriations of money, embracing distinct items, and that the parts of the bill approved shall be the law and the items of the apropriation disapproved shall be void, unless repassed according to the rules and limitations prescribed for the passage of other bills over the Executive veto, is common in the latter constitutions and has been added to some of the earlier, by amendment. (FINLEY AND SANDERSON: Ob. cit. pag. 75).

O art. 37, § 3°, sómente se refere ao projecto como a um todo indivisivel e não a qualquer de suas disposições, segundo se vê do seguinte:

"Devolvido o projecto á camara iniciadora, ahi se sujeitará a uma discussão e á votação nominal, considerando-se approvado se obtiver dois terços dos suffragios presentes. Neste caso, o projecto será remettido á outra camara, que, se o approvar pelos mesmos tramites e pela mesma maioria, o enviará, como lei, ao Poder Executivo, para a formalidade da promulgação".

Aliás, no nosso regimen o veto parcial é aconselhavel quasi que somente ás leis orçamentarias, porque se deve presumir que as demais leis formam geralmente um todo organico intimamente correlatado, não susceptivel de separar-se em partes applicaveis e não applicaveis. (*)

(*) **GONZÁLEZ CALDERÓN**: "Derecho Publico Provincial", pag. 294.

No programma do partido republicano liberal, Ruy Barbosa cogitou do veto parcial unicamente para as leis orçamentarias, propondo o seguinte:

"Prohibir a enxertia, nas leis annuas, de disposições estranhas á materia orçamentaria, e outorgar ao presidente da Republica o direito de vetar parcialmente, em taes casos, o orçamento".

Os Estados da União Americana, geralmente, adoptam o veto parcial apenas para as leis orçamentarias. Os Estados de Washington, Virginia e Ohio o adoptam tambem para qualquer outra lei. (**BEARD**: Ob. cit. pag. 498.

Na Argentina, existe o veto parcial para as leis orçamentarias nas provincias de Santa Fé, Cordóba, Corrientes, San Juan, Catamarca e San Luiz.

No Brasil, admittem o veto parcial para as leis orçamentarias os Estados de Ceará, Pará, Maranhão e Bahia. O Estado de Minas Geraes o admitte para qualquer lei, mas com a seguinte restricção: "O veto só poderá ser parcial quando a parte vetada e a sanccionada não forem mutuamente dependentes e connexas, de maneira que, com a sua separação, a parte sanccionada continue a ser um acto intelligivel e completo, correspondendo, em conjuncto, á intenção e propositos do Congresso". (Reforma promulgada em 14 de Setembro de 1920).

X I

PERIODO PRESIDENCIAL

No tocante á duração do mandato do presidente da Republica e á sua reeleição, seria impossivel assegurar qual o melhor systema.

Na França, o prazo é de 7 annos e o presidente póde ser reeleito. O mesmo acontece na Allemanha.

Nesses dois paizes de regimen parlamentar, o longo prazo e a reeleição não apresentam grande inconveniente, porque o presidente da Republica é quasi uma figura decorativa.

No Chile, embora se pratique tambem o regimen parlamentar, o prazo é apenas de 5 annos e o presidente não póde ser reeleito. (*)

O Mexico e, em geral, as republicas sul-americanas, excepto a Argentina, adoptam o periodo de 4 annos.

Em regra, tambem não se permitte a 'reeleição. O Mexico, depois de admittil-a, não se limita, na sua recente constituição, a prohibir a eleição do presidente para o periodo immediato: declara que elle nunca poderá ser reeleito (artigo 83).

Nos Estados Unidos, este assumpto foi um dos que mais preoccuparam os convencionaes de 1787. Varios membros que-

---

(*) Segundo H. DE HOSTOS, de todos os systemas, o do Chile é o mais racional. ("Lecciones de derecho constitucional", pag. 414).

riam o periodo de 4 annos, outros de 6 e alguns de 10. Hamilton, que desejava um executivo muito forte, sustentava que o presidente deveria permanecer no poder emquanto bem procedesse (*during good behaviour*), só podendo ser destituido mediante *impeachment*. Prevaleceu, finalmente, o periodo de 4 annos, com a faculdade de reeleição.

A Constituição Americana não estabelece limitação alguma; mas, depois do exemplo dado por Hamilton e seguido por Jefferson, o principio de que a eleição não póde occorrer senão uma vez é geralmente considerado um dogma politico tão inviolavel quanto uma expressa disposição constitucional. (1)

A agitação resultante da campanha eleitoral, por um lado, e o receio de que o presidente se preoccupe mais com a sua reeleição do que com os negocios publicos, por outro lado, têm concorrido para que muitos sustentem a inconveniencia da reeleição, embora alguns admittam a dilatação do periodo para seis ou sete annos. (2)

Em geral, os nossos constitucionalistas são contrarios á reeleição do presidente da Republica.

Admittir presidente candidato, declara BARBALHO, é expôr o eieitorado á pressão, corrupção e fraude na mais larga escala. (3)

Tratando do assumpto, escreve ANNIBAL FREIRE:

"A Constituição Brasileira prohibe a reeleição do presidente. Foi uma idéa salutar... Dados os nossos habitos politicos, que só o constante exercicio das praticas institucionaes e a veraz comprehensão das virtudes fundamentaes do regimen poderão ir extirpando, a reeleição seria uma arma perigosa, facilitando graves adulterações do systema constitucional". (4)

---

(1) BEARD: "American Government and Politics", pag. 184.

(2) ASHLEY: "The American Federal State", pag. 284 — WOODBURN: "The American Republic", pag. 115.

(3) "Commentarios á Constituição Federal Brasileira", pag. 166.

(4) "Do Poder Executivo", pag. 29.

Em termos mais incisivos manifesta-se Carlos Maximiliano:

"Aspirando a novos suffragios, insensivelmente se tornará mais politico do que administrador, preoccupado em agradar ás turbas e conquistar por meio de obras adiaveis Estados importantes. Condescenderá quando fôr o seu dever resistir, fará menos o que a Nação precisa do que aquillo que os chefes politicos desejam. Nos paizes novos, o perigo é maior. Permittida a reeleição, todos a disputariam e a victoria caberia sempre ao Governo, como acontece em todos os pleitos. Dever-se-ia o primeiro triumpho á persuasão, o segundo á corrupção e os demais á violencia". (*)

Na Argentina, os governadores das provincias não pódem ser reeleitos.

Actualmente, apenas dois dos nossos Estados (Pará e Paraná) adoptam a reeleição. Alagôas e Ceará, que tambem a permittiam, prohibiram-na formalmente nas suas recentes reformas constitucionaes (1921). O Rio Grande do Sul acaba de abolil-a em virtude do recente accôrdo politico.

Eis como a respeito nos externamos no *Manual da Constituição Brasileira*:

" O projecto de Constituição apresentado pelo Governo Provisorio fixava em seis annos o periodo presidencial.

Parece que teriamos agido com mais acerto se o tiveramos adoptado neste ponto, pois no curto espaço de quatro annos difficilmente poderá um presidente levar a termo o seu programma governamental.

Como, por via de regra, os ministros não servem no quadriennio seguinte, acontece que a administração publica soffre não pouco com a instabilidade decorrente dessas successivas mudanças.

(*) "Commentarios á Constituição Brasileira", pag. 469.

A logica impõe que nos regimens democraticos o mandato seja de limitada duração, mas que se permitta a reeleição, como acontece na Suissa, onde rarissimos são os casos de não reeleição dos membros do Conselho Federal. (1)

Se o receio da influencia do presidente constituia motivo sufficiente para impedir a reeleição, a melhor solução para o caso não podia ser outra senão a que foi escolhida pela Constituição Argentina e proposta pelo Governo Provisorio".

González Calderón assignala, porém, a inconveniencia do prazo de seis annos nos seguintes termos:

"O periodo de seis annos, estabelecido pela Constituição Argentina, é inconveniente e inadequado á indole das instituições democraticas por multiplas razões: principalmente porque contribue para fortalecer o Poder Executivo em relação ao Congresso e aos outros poderes constituidos, nacionaes e provinciaes, e porque não deixa ao povo uma opportunidade proxima para rectificar o erro que haja commettido, elevando á presidencia um cidadão incapaz e indigno de occupal-a. Com um periodo de seis annos e com inamovibilidade pouco menos que absoluta (como occorre em nosso systema constitucional), o presidente da Republica logra concentrar em suas mãos a direcção politica exclusiva do paiz e o manejo pessoal de todas as molas governamentaes que lhe asseguram influencia incontrastavel". (2)

Não ha negar que seis annos para um máo presidente é um prazo demasiado longo, mas não ha negar tambem que é demasiado curto para um bom presidente o periodo de quatro annos.

Como observa Ruy Barbosa, "será sempre util ao bem de todos prolongar uma administração assignalada no seu primeiro termo por serviços consideraveis, cujo desenvolvimento era lamentavel interromper". (3)

---

(1) OTIWELL ADAMS e CUNNINGHAM: "La Confédération Suisse". pag. 66.

(2) "Derecho Constitucional Argentino", tomo III, pag. 312.

(3) Manifesto de 2 de Abril de 1917.

Adoptada a eleição pelo Congresso, (*) não seria uma solução conciliatoria a reeleição do presidente para o prazo de dois annos, quando conseguisse reunir os votos de dois terços dos membros do Congresso?

Não haveria vantagem em conservar na direcção dos negocios publicos um homem que se tivesse imposto por uma administração proveitosa ao paiz?

Sendo a eleição quasi no fim do periodo presidencial e exigindo-se para ella o voto dos dois terços dos membros do Congresso, parece fóra de duvida que um máo presidente difficilmente alcançaria a reeleição para esse prazo supplementar.

(*) Vide pags. 79 a 86.

XII

ELEIÇÃO PRESIDENCIAL

A Constituição Federal estabelece que o presidente da Republica será eleito por suffragio directo da Nação.

Afastou-se assim das constituições americana e argentina, que estabelecem o systema da eleição indirecta.

Na Convenção de Philadelphia foi muito difficil chegar-se a um accordo sobre o plano de eleição presidencial. Propuzeram-se varios methodos: a) eleição pelo Congresso; b) eleição pelo Senado; c) eleição pelos governadores dos Estados ou por eleitores por elles designados; d) eleição por eleitores sorteados entre os membros da legislatura nacional. Decidiu-se, finalmente, a Convenção pelo systema da eleição indirecta, que consiste no seguinte:

Cada Estado elege, na forma estabelecida pela respectiva legislatura, um numero de eleitores igual á totalidade de seus representantes no Congresso Nacional.

A eleição não póde recahir em nenhum representante nem em qualquer pessoa que exerça cargo dependente da administração da Republica.

A escolha dos eleitores é realizada no mesmo dia em todo o territorio nacional. (Esse dia é conhecido como o dia de eleição do presidente da Republica). (*)

(*) Os eleitores de todos os Estados formam o collegio eleitoral.

Os eleitores de cada Estado reunem-se na respectiva capital, em dia fixado pelo Congresso, e votam para presidente e vice-presidente, separadamente. Dois boletins do resultado da votação, com os nomes das pessoas votadas para presidente e vice-presidente, respectivamente, e o numero de votos de cada um, são dirigidos ao presidente do Senado (um, collocado no correio e o outro conduzido por mensageiro especial, geralmente um dos eleitores). Um terceiro boletim é depositado na Côrte do Districto (Federal). Na segunda quarta-feira de Fevereiro, reunidos em sessão conjuncta o Senado e a Casa dos representantes, o presidente do Senado abre os boletins, iniciando-se a contagem dos votos. (*)

O systema americano está longe de corresponder aos intuitos dos convencionaes de 1787. Pensavam elles que os eleitores, seleccionados entre os homens de maior valor dos Estados, estavam em condições de bem avaliar os meritos dos candidatos, dando os seus votos áquelles que se lhes afigurassem com melhores predicados para a alta investidura de chefe da Nação. Estavam longe de suppôr que as suas intenções seriam inteiramente burladas, pois, após a organização dos partidos, os eleitores não mais tiveram a liberdade de votar neste ou naquelle candidato. Seu voto tomou então o caracter de mandato imperativo: já são escolhidos sob o compromisso solemne de votar em determinado candidato, isto é, naquelle que obteve maioria de suffragios na convenção do seu partido.

Como a eleição não é feita por districtos, votando cada um em tantos nomes quantos são os eleitores a eleger, acontece que todos estes sahem do partido que no Estado tem maioria, ainda que insignificante. Não raro é eleito presidente o candidato que não alcançou maioria na eleição popular. Assim é que, em 1860, Lincoln foi eleito, embora tivesse apenas 40 por cento do voto popular. O mesmo aconteceu em

---

(*) Antigamente, em alguns Estados os eleitores eram designados pelas respectivas legislaturas. Hoje é geralmente adoptado o suffragio directo. (WOODBURN e MORAN: "The Citizen and the Republic", pag. 237).

1876, pois, se bem que Tilden tivesse maioria sobre Hayes no suffragio directo, este foi eleito pelo collegio eleitoral. Em 1888, Harrison teve 98.000 votos menos que Cleveland, e, entretanto, foi eleito por haver obtido uma maioria de 65 votos no collegio eleitoral. Isto tem acarretado grande descontentamento, parecendo certo que os Estados Unidos, que já adoptaram o suffragio directo para a eleição de senadores, acabará por instituir tambem esse processo para a eleição de presidente da Republica. (*)

O systema argentino foi modelado pelo systema norteamericano, como se vê do seguinte:

"A capital e cada uma das provincias elegerão, por votação directa, uma junta de eleitores igual ao duplo do total de deputados e senadores que enviam ao Congresso, com os mesmos requisitos e sob as mesmas formas prescriptas para a eleição de deputados.

Não pódem ser eleitores os deputados e senadores nem os empregados estipendiados pelo Governo Federal.

Reunidos os eleitores na capital da nação e nas respectivas provincias, quatro mezes antes de terminar o periodo presidencial, elegerão o presidente e vice-presidente da nação em cedulas assignadas, declarando em uma as pessoas em quem votam para presidente e em outra distincta aquellas em quem votam para vice-presidente. Organizar-se-ão duas listas de todos os individuos votados para presidente e outras duas dos votados para vice-presidente, com o numero de votos que cada um delles tiver obtido. Estas listas serão assignadas pelos eleitores e remettidas, fechadas e selladas, duas de cada classe ao presidente do Senado e as outras duas, nos Estados, ao presidente da legislatura provincial, e, na capital, ao presidente da municipalidade, em cujos registros permanecerão depositadas e fechadas. Reunidas todas as listas, o presidente do Senado as abrirá em presença de ambas as camaras. Sorteados quatro

---

(*) WOODBURN e MORAN: Ob. cit., pag. 241.

secretarios, procederão estes immediatamente ao escrutinio, declarando o numero de suffragios em favor de cada candidato para presidente e vice-presidente". (*)

O projecto da commissão nomeada pelo Governo Provisorio estabelecia o systema de eleição indirecta, sendo o collegio eleitoral constituido de numero correspondente ao decuplo da representação de cada Estado no Congresso Nacional. O Governo Provisorio reduziu o numero de eleitores, estabelecendo o dobro da representação.

A commissão dos 21 propôz que o presidente e o vice-presidente fossem eleitos pelos Estados e pelo Districto Federal, tendo cada um delles sómente um voto. (Esse voto seria o da maioria dos eleitores alistados para as eleições de deputados ao Congresso Nacional).

As camaras ou intendencias municipaes apurariam os votos das secções eleitoraes, comprehendidas nas suas respectivas circumscripções, decidindo as questões contenciosas com recurso para o tribunal de appellação do Estado, e a assembléa legislativa deste apuraria, por sua vez, os votos dos municipios e proclamaria candidato do Estado o cidadão que tivesse obtido a maioria relativa dos votos do eleitorado.

Por ultimo, o Congresso Nacional apuraria os votos dos Estados e proclamaria presidente e vice-presidente dos Estados Unidos do Brasil os candidatos que houvessem alcançado a maioria absoluta dos votos dos Estados.

Desta maneira, seria presidente aquelle que contasse com a maioria dos Estados.

Prevaleceu, porém, o voto em separado de Julio de Castilhos, que assim o justificou:

"Quanto á eleição do presidente da Republica, a maioria da commissão adoptou um methodo, que reputo inacceitavel. Entendo que o supremo funccionario nacional deve ser eleito pela Nação, representada pela maioria do eleitorado, que se

---

(*) Const. Arg. arts. 81 e 82.

compõe de todos os cidadãos activos. Desde que seja eleito pelos Estados, representando cada um destes um voto, póde facilmente acontecer que seja eleito pela minoria nacional o presidente da Republica. Uma vez adoptado o processo electivo, com todas as suas naturaes imperfeições, como unico meio de determinar o pessoal que deve exercer os supremos poderes publicos, devemos ser logicos: façamos prevalecer a maioria dos suffragios dos cidadãos. Sob este ponto de vista é, portanto, radicalmente defeituoso o methodo da eleição do presidente da Republica por Estados".

A tendencia actual é para o suffragio directo.

Nos Estados Unidos, os governadores, em diversos Estados, eram escolhidos pela respectivas legislaturas, mas presentemente o são por suffragio directo.

O Mexico adopta o suffragio directo em sua constituição de 5 de Fevereiro de 1917.

O Uruguay, na sua recente constituição, estabelece o suffragio directo para os representantes do Executivo (presidente da Republica e membros do Conselho da Administração).

A Allemanha, apesar de ter adoptado o regimen parlamentar, institue o suffragio directo para a eleição de presidente da Republica.

Na Argentina, a eleição dos governadores obedece, em geral, a methodo semelhante ao que foi estabelecido na Constituição Nacional para o cargo de presidente da Republica. Apenas se afasta dessa regra a provincia de San Juan, que reformou a sua constituição para adoptar o suffragio directo. (*)

(*) Applaudindo esta reforma, escreve GONZÁLEZ CALDERÓN: "Este exemplo deveria ser imitado por todas as provincias, abolindo para sempre o systema de eleição indirecta por collegios eleitoraes, que agora adoptam; inuteis, desde que em todos os casos seus membros levam um mandato imperativo e proprio, como nenhum outro meio, para produzir e fomentar a "chicana politica", consistente em esquivar a concurrencia ao collegio, quando se querem lograr accordos ou artificios damnosos para o que devêra ser o unico eleitor: o povo" ("Derecho Publico Provincial", pag. 286).

As agitações que, no Brasil, têm provocado as eleições presidenciaes estão creando em favor do systema de eleição pelo Congresso uma corrente que se avoluma, dia a dia.

Tal systema está incluido nos programmas do partido federalista do Rio Grande do Sul e da primeira dissidencia paulista. Esta o justificou do seguinte modo:

"O methodo estabelecido na Constituição — o suffragio popular — para a eleição do presidente da Republica tem causado no paiz profundas e demoradas commoções e crises politicas, como as de 1893, 1897 e a actual.

Demais, o suffragio popular tem sido, entre nós, mera ficção: quem tem realmente feito a eleição dos presidentes da Republica ha sido pequeno numero de membros do Congresso, pois a escolha do candidato, realizada pelas convenções, equivale a uma eleição prévia.

Como é sabido, a convenção de 1893 foi constituida por membros do Congresso, como delegados da representação federal de cada Estado; a de 1897 tambem por deputados e senadores; a de 20 de Setembro ultimo, em sua quasi unanimidade, por um deputado e um senador por Estado, representantes da politica dos respectivos governadores.

Se o presidente da Republica tem sido, de facto, eleito por um grupo de deputados e senadores, é preferivel que o seja directamente por todo o Congresso Nacional.

A reforma trará ainda estas consequencias de elevado alcance:

a) maior competencia dos eleitores para a bôa escolha do chefe da nação;

b) independencia delles, porque, entre outros motivos, a eleição póde ser feita com diminuta antecedencia á terminação do mandato do presidente que se tratar de substituir;

c) impossibilidade de fraude eleitoral;

d) remoção do perigo de agitações inherentes ao suffragio popular directo;

e) rapidez da substituição.

Na Suissa, typo de nação democratica, é a Assembléa Federal quem escolhe o presidente da Confederação e os demais membros do poder executivo federal.

Os bons resultados obtidos, em França, com esse methodo evidenciam tambem a conveniencia de sua adopção.

A' nossa propria Constituição elle não repugna. Ao Congresso Nacional compete eleger o presidente da Republica, por maioria dos votos presentes, de entre os dois mais votados, se nenhum dos candidatos houver alcançado maioria absoluta na eleição popular (art. 47, § 2º)".

ESTRADA, criticando o resultado que tem dado, na Argentina, o regimen de eleição indirecta, formula as seguintes perguntas:

"Que remedio poderia oppôr-se aos males que se experimentam? Conviria o methodo pelo qual se fazem as eleições de presidente no Mexico, na Suissa e na França, methodo que nós temos já posto em pratica, confiando ás legislaturas essa funcção?"

A essas perguntas elle proprio responde do seguinte modo:

"Este systema se repelle por varias razões: um presidente eleito pelo Congresso encontra-se vinculado com este de tal modo, que se torna illusoria a independencia que deve guial-o em todos os seus passos. Ademais, se as camaras fossem investidas desta faculdade, os eleitores, ao nomear os individuos que as compõem, teriam em vista, não suas aptidões para desempenhar seu mandato legislativo, mas suas opiniões politicas".

A nosso vêr, as duas razões apresentadas por ESTRADA não pódem servir para repudiar como imprestavel o systema de eleição pelo Congresso.

Em primeiro logar, o presidente da Republica, pelo facto de ter sido eleito pelo Congresso, não fica dependente deste. Se assim fôra, dever-se-ia banir o systema de provimento dos cargos de ministros do Supremo Tribunal Federal. Não procede o argumento de que estes são vitalicios, porque o presidente tambem é inamovivel durante o periodo do mandato. Accresce ainda que no caso dos ministros do Supremo Tribunal Federal o inconveniente seria maior, pois a escolha depende apenas de um unico homem — o presidente da Republica.

Não tem maior valor a segunda objecção, pois ninguem ignora que nunca as aptidões dos individuos, não só aqui como em quasi todos os paizes democraticos, constituiram motivo de preferencia para a escolha das funcções legislativas.

Mas o proprio ESTRADA não obscurece as vantagens da eleição pelo Congresso:

"Apesar disto, esse systema tem suas vantagens, além de que não é alheio ás nossas praticas parlamentares. Com effeito, quando nenhum candidato reune uma maioria de votos, o Congresso resolve; e, por mais limitada que seja essa faculdade, não se póde negar que, em ultima analyse, é uma verdadeira eleição... O maior inconveniente é o ultimo argumento que expuzemos contra esse systema, dizendo que as eleições teriam mais em vista a politica do que os interesses do paiz. Esta razão se evidenciaria muito mais se os periodos de renovação das camaras coincidissem com a eleição do presidente; não sendo, porém, simultaneos ambos os periodos, os inconvenientes diminuem consideravelmente, podendo converter-se em um beneficio. Do methodo, que actualmente se pratica, se seguem as continuas agitações que, diariamente, soffre o espirito publico, chamado a preoccupar-se com tanta frequencia nessas batalhas politicas, que tantos prejuizos occasionam. Não se teria mais em conta, com o methodo anterior, os intuitos da Constituição de impedir a intervenção dos eleitores primarios na eleição de presidente? Sim, porque não nos mandariam então deputados com mandato imperativo para votar em tal ou qual candidato, mas deputados que, tendo tantas e tão diversas funcções a preencher no posto que occupam, se encontrariam menos ligados aos seus partidos e, portanto, em melhores condições do que as em que se encontram hoje em dia, eleitos para um só objecto.

Alguns inconvenientes se evitariam com esse methodo, mas creio tambem que cahiriamos em outro mais grave, qual o da absorpção do poder legislativo por um partido, sendo não raro um dos males que mais viciam as instituições republicanas". (1)

Ainda nesta hypothese, nada ha a temer, pois nós não temos partidos organizados nem probabilidades de os ter em breve prazo.

Dois grandes constitucionalistas nossos, BARBALHO e AMARO CAVALCANTI, são contrarios á eleição pelo Congresso. (2)

ANNIBAL FREIRE, que mais longamente se occupa do assumpto, escreve o seguinte:

"Na technica do direito publico, as duas formas, o parlamentarismo e o presidencialismo, apresentam nitida differenciação, amplamente consagrada na legislação e na pratica. No governo presidencial, os poderes são respectivamente independentes, gravitam numa orbita de acção propria, com as relações limitadas pela Constituição; o presidente tem a plena responsabilidade de seus actos, e na escolha do ministerio procede livremente, sem a obrigação de attender ás suggestões do legislativo. No governo parlamentar, o presidente depende do parlamento, que o nomeia e intervem na escolha dos seus ministros. Para contrapôr a esta ordem de cousas, evidentemente de molde a reduzir a vontade do executivo, ha a irresponsabilidade do presidente, que é figura decorativa e innocua, de mero apparato. Tornar o presidente eleito pelo Congresso e manter o regimen presidencial, que se funda na independencia dos poderes, parece-nos illogico e um attentado á essencia do mesmo regimen. Neste ponto são accordes os escriptores. Valham-nos as opiniões de muitos dentre os mais autorizados". (3)

---

(1) "Curso de Derecho Constitucional", vol. III, pags. 286 a 288.
(2) "Regimen federativo e a Republica Brasileira", pag. 158 — "Commentarios á Constituição Federal Brasileira", pag. 178.
(3) "Do Poder Executivo", pag. 65.

A (

A eleição pelo Congresso é defendida por ESMEIN nos seguintes termos:

"Em um Estado republicano, dois modos oppostos são possiveis para a escolha dos representantes do poder executivo: a eleição pelo corpo eleitoral ou a eleição pelo corpo legislativo. Um e outro têm vantagens e inconvenientes. Em favor do primeiro, invocam-se duas razões muito fortes. Diz-se, em primeiro logar, que é uma consequencia necessaria da separação de poderes. O poder executivo, sendo uma manifestação distincta da soberania nacional, deve tirar da propria nação sua instituição e sua investidura. Por outro lado, affirma-se que é o unico meio de haver um poder executivo verdadeiramente forte e independente".

E, depois de alludir ao máo resultado que póde dar o suf fragio universal, declara:

"Parece, pois, mais prudente eleger pelo corpo legislativo o titular do poder executivo, porque, se este principio exige que cada um dos poderes seja confiado a um titular distincto e independente, não se oppõe a que a Constituição invista os representantes de um poder da faculdade de eleger o representante de outro poder. Sem violar o principio, o presidente da Republica póde, pois, ser eleito pelo corpo legislativo, não, como se tem dito algumas vezes, porque os representantes do povo pódem agir como o proprio povo e subdelegar o poder executivo, mas, porque a Constituição é ditada em nome do povo soberano e os institue em logar daquelle como corpo eleitoral... A Constituição dos Estados Unidos da America estabelece a eleição do presidente pelo corpo eleitoral, e ahi tem produzido bons resultados devido a causas particulares. O respeito á lei que caracteriza a raça anglo-saxonia ha certamente exercido uma influencia feliz". (*)

A eleição pelo Congresso, declara WILLOUGHBY, se bem que menos democratica que a eleição directa, não é de modo al-

---

(*) "Eléments du droit constitutionel français et comparé", pags. 644 á 646.

gum incompativel com os principios do governo representativo e tem a grande vantagem de evitar agitações prejudiciaes
ao bem-estar e prosperidade do paiz. (*)

Assis Brazil, ao passo que combate a instituição do parlamentarismo, defende calorosamente a eleição pelo Congresso
como a forma mais conveniente ao nosso paiz:

"A eleição pelas camaras tem mais o merito de eliminar
a unica, a verdadeiramente seria crise peculiar ás democracias.
A commoção eleitoral, que deveria conturbar a nação inteira,
é por esse modo circumscripta a um campo resumido, mas, ao
mesmo tempo, sufficientemente elevado para que de todos os
pontos possa o espectaculo ser contemplado pelo espirito publico, que assim tambem poderá inspirar em justa medida
o desenlace, sem que lhe seja licito resolvel-o pela pressão material do numero. A serenidade e a limpeza do processo se
juntam para favorecer o resultado... E' errado pensar que,
por ter origem nas camaras, o presidente lhes ficará sendo
inferior e destituido da quantidade de independencia necessaria para bem representar o seu papel. E' um preconceito que
se explica, antes de tudo, pelo custume que temos de equiparar
os actos publicos aos privados. Não ha identidade entre o
caso de nomear o particular um procurador para administrar
o seu bem e o de nomear o Congresso o presidente da Republica. O primeiro faz um preposto, para obedecer ás suas ordens; o segundo cria uma autoridade independente com orbita de acção legal propria. A nomeação do presidente não é
favor. Antes, se tivesse de haver dependencia, mais natural
seria a do Congresso para com o cidadão, em quem reconheceu
tal superioridade que o fez chefe da nação... O presidente é,

---

(*) This system while having a less democratic character, is thoroughly
consonant with the principles of Representative Government, since the persons
constituing the legislature have been elected by the people, and in this duty act
as the representatives of the latter in the same way as they do in performing
their legislative duties. This is the system that is now followed by France and
Switzerland. There can be no doubt that it has given excellent results in practise.
In those countries the election of a President takes place with little or no popular disturbances. ("The Government of Modern States", pag. 844).

como disse, nomeado em attenção a qualidades superiores, que lhe crearam prestigio junto dos representantes. Ha de ter autoridade e independencia, seja qual fôr a sua origem. O arbitro que eu nomeio para uma questão em que sou interessado tem autoridade sobre mim, ainda contrariando os meus interesses. O general acclamado pelo exercito em perigo não é menos o commandante em chefe e tem autoridade até para fazer fuzilar, em nome da salvação geral, algum dos que o acclamaram". (*)

A eleição de presidente da Republica pelo Congresso, não ha negar, melhor se adapta ao regimen parlamentar, mas não é de maneira alguma incompativel com o regimen presidencial, uma vez que ella não impede que os tres poderes sejam harmonicos e independentes entre si.

O suffragio directo para a eleição do presidente não é da essencia do regimen, pois, como já vimos, não o adoptam os Estados Unidos e a Argentina. E, se a eleição pelo Congresso não repugna á indole do regimen, por que não adoptal-a, quando é certo que, em ultima analyse, é o Congresso quem elege o presidente da Republica?

O candidato é escolhido pelos presidentes ou governadores dos Estados mais importantes, de accordo com o presidente da Republica. Os demais presidentes ou governadores apressam-se em approvar essa escolha. Assentado definitivamente o nome, reunem-se em convenção os deputados e senadores para, solennemente, proclamal-o candidato. Procede-se á eleição e o candidato é suffragado pela maioria do eleitorado, pois este, em regra, obedece á vontade do presidente ou governador. O Congresso, que já escolheu préviamente o candidato, não tem a menor difficuldade de reconhecel-o officialmente.

Isso não tem impedido, entretanto, que os presidentes hajam sido, quasi sem excepção, na phrase de HERMAN JAMES,

---

(*) "Do Governo Presidencial", pags. 248, 251 e 252.

"homens da mais alta educação e cultura, de irreprehensivel conducta social e profissional e longa experiencia no campo politico e administrativo". (*)

O sr. ANTONIO AZEREDO, que tem sido figura saliente em quasi todas as combinações para escolha de presidente da Republica, ainda recentemente declarava da tribuna do Senado:

"Não fui na Constituinte pelo suffragio universal, sustentando, então, a eleição de dous gráos, como nos Estados Unidos do Norte, para presidente da Republica, e prefiro ainda esse systema ao nosso actual, mas, inilludivelmente, para remover as difficuldades de um pleito longo, em que as ambições pódem provocar desordens de toda a especie, alimentando uma agitação constante e perigosa, parece-me que o melhor systema seria a eleição pelo Congresso Nacional, que representa a vontade immediata do povo.

Dir-se-á que o nosso regimen não sendo parlamentar, a adopção desse systema seria uma superfetação; mas a verdade é que ha mais de trinta annos o Congresso escolhe e reconhece os seus candidatos á presidencia da Republica, parecendo, portanto, mais logico e natural que elle assumisse a responsabilidade absoluta de eleger o mais digno e capaz dos brasileiros para o exercicio dessa alta funcção".

Dados os nossos costumes politicos, é possivel affirmar que o candidato opposicionista, embora eleito, fosse reconhecido?

Se do acto do reconhecimento não ha, nem póde haver, recurso algum, por que não conferir logo ao Congresso a attribuição de escolher o presidente da Republica?

Quanto não lucraria com isso a Nação, evitando agitações estereis que se reflectem no estrangeiro, em detrimento dos nossos fóros de nação civilizada?

(*) "The Constitutional System of Brasil.

Actualmente, passados os dois primeiros annos do periodo presidencial, começa a agitação sobre a escolha do presidente para o periodo seguinte, e a preoccupação politica absorve tudo com grave prejuizo para a administração publica.

Quem não vê que a situação seria completamente differente, se o presidente fosse eleito quasi no fim do periodo presidencial, a 7 de Setembro ou 12 de Outubro, por exemplo?

Se nos manifestamos em favor da eleição pelo Congresso é simplesmente porque a eleição directa está constituindo sério embaraço ao progresso do paiz.

Quem não o reconhece?

De que serve ter bellos principios sem poder pratical-os?

Quando as circumstancias se modificarem, quando a educação tiver penetrado as massas populares, então, sim, poderá convir a eleição directa. Por emquanto, tal systema é inadaptavel a um paiz novo como o Brasil, que, para se engrandecer, requer calma e continuidade de esforços.

XIII

CREAÇÃO E PROVIMENTO DE CARGOS PUBLICOS

A Camara dos deputados, assim como o Senado, tem-se attribuido a competencia não só de crear os cargos de sua secretaria como de fixar os respectivos vencimentos.

Recentemente, o Supremo Tribunal Federal passou a adoptar pratica semelhante.

A este respeito, escrevemos no *Manual da Constituição Brasileira*:

"A Constituição só confere ás Camaras a attribuição de nomear os empregados de sua secretaria. E' esta uma funcção executiva que se não póde confundir com a funcção legislativa de crear empregos e fixar-lhes vencimentos. Funcções legislativas competem ás duas Camaras, não podendo, portanto, ser exercitadas sómente por uma dellas. Se se lhes reconhecesse essa prerogativa, claro é que, com maioria de razão, se não poderia denegal-a ao Supremo Tribunal Federal, ao qual compete organizar a sua secretaria, *ex-vi* do art. 58 da Constituição. Mas precisameos accentuar desde logo que não cabe ao Supremo Tribunal Federal semelhante attribuição. O argumento invocado de que na faculdade de organizar está implicitamente contida a de crear cargos e fixar-lhes vencimentos não se nos afigura procedente, porquanto não é possivel reconhecer a existencia de uma attribuição implicita a um Poder contra outra attribuição conferida expressamente a outro Poder. A Constituição deu ao Congresso Nacional, sem restricção alguma, a attribuição privativa de crear e supprimir empregos publicos federaes e fixar-lhes os vencimentos. Essa disposição comprehende todos os cargos federaes, salvo aquelles que foram creados pela propria Constituição. Ora, como ensina VEDIA em seus commentarios á Constituição Argentina, uma constituição deve ser interpretada de maneira que as suas diversas disposições se harmonizem tanto quanto possivel e sem que se destruam reciprocamente, em virtude de uma apparente contradição. Este principio tem perfeita applicação no caso de que se trata. A attribuição do Supremo Tribunal Federal deve ser entendida em termos, isto é, respeitada a competencia privativa do Congresso".

Não seria conveniente tornar explicito este ponto, reconhecendo tal competencia ou denegando-a expressamente?

Declara a Constituição Federal (art. 48, n. 5) que compete privativamente ao presidente da Republica prover os cargos civis e militares de caracter federal, salvo as restricções expressamente estabelecidas pela mesma.

As restricções que a Constituição estabelece são de duas naturezas:

A) as que retiram ao presidente da Republica a faculdade de nomear;

B) as que subordinam essa faculdade a certas condições.

As primeiras são:

a) quanto á nomeação dos empregados das camaras legislativas, a qual compete a cada uma dellas (art. 18, paragrapho unico);

b) quanto á nomeação dos empregados das secretarias dos tribunaes federaes e ao provimento dos officios de justiça, cuja competencia cabe aos presidentes desses tribunaes (art. 58, § 1°).

As segundas são:

a) quanto á nomeação dos ministros do Supremo Tribunal Federal, dos ministros diplomaticos e dos membros do

CREAÇÃO E PROVIMENTO DE CARGOS PUBLICOS 89

Tribunal de Contas, as quaes necessitam de approvação do Senado (art. 48, n. 12, e art. 89);

b) quanto á nomeação dos magistrados federaes, a qual depende de proposta do Supremo Tribunal Federal (art. 48, n. 11).

c) quanto á designação do procurador geral da Republica, que só póde ser escolhido entre os membros do Supremo Tribunal Federal (art. 58, § 2º).

Além disso, o presidente da Republica, no exercicio dessa attribuição, está obrigado a observar as condições de capacidade especial que por lei forem estatuidas (Const. Fed. art. 73).

Dispondo a Constituição que compete privativamente ao presidente da Republica prover os cargos publicos, salvo as restricções acima enumeradas, a consequencia logica é que toda e qualquer nomeação que não emanasse directamente dessa autoridade deveria ser um acto inconstitucional.

Mas, assim não se tem entendido, pois aos ministros e até a alguns chefes de serviço são conferidos amplos poderes no tocante á nomeação de consideravel numero de funccionarios publicos.

E' certo que nos Estados Unidos o provimento de innumeros cargos depende dos secretarios de Estado (*heads of department*); mas lá semelhante attribuição não é privativa do presidente da Republica, visto como a Constituição declara que o Congresso póde conceder aos alludidos secretarios o direito de nomear funccionarios (art. II, sec. 2ª, n. 2).

Dir-se-á que o ministro ou chefe de serviço agiu em nome e em virtude de delegação do presidente da Republica.

Mas póde o presidente conferir tal poder?

Se assim fôra, nada impediria que elle conferisse a faculdade de sanccionar leis, de indultar e commutar penas. de declarar a guerra, fazer a paz, attribuições estas tão privativas quanto aquella.

O absurdo é ainda maior quando a attribuição é confe rida pelo Congresso.

Como póde este outorgar a outrem poderes que cabem privativamente ao presidente da Republica?

Não seria o caso de corrigir esse ponto, tornando a Constituição de accôrdo com o que se pratica actualmente?

XIV

UNIDADE DE MAGISTRATURA E DE PROCESSO

Ruy Barbosa era partidario tanto da unificação da magistratura como da unificação do direito processual.

Na plataforma de 1910, depois de procurar justificar a unificação do processo, declarou o seguinte:

"Entregue ao arbitrio dos poderes locaes, a magistratura baixou, moral e profissionalmente, de nivel. Profissionalmente, porque os magistrados estaduaes não têm horizonte. As suas funcções mal retribuidas, a sua carreira confinada, a sua estabilidade precaria excluem, em geral, do seu quadro as melhores capacidades. Moralmente, porque, abandonada aos interesses de provincia, ás suas revoluções, ás tolerancias dos seus partidos, a magistratura local tem de acabar resignada ao papel de instrumento politico e vegetar nessa condição desmoralisadora.

A Constituição, portanto, deveria ser reformada:

1º) para que se unifique o direito de legislar sobre o processo;

2º) para que se unifique a magistratura.

Se, todavia, á consecução deste *desideratum* ainda se oppuzerem embaraços insuperaveis, consintam-nos, ao menos, como transição para essa reforma ulterior, que se altere a Constituição, concentrando no Supremo Tribunal Federal toda a jurisprudencia do paiz, mediante recursos para esse tribunal das sentenças das justiças dos Estados em materia de direito civil, penal e mercantil. Para lhe dar força correspondente a este augmento de encargos, seria proporcionalmente alarga-do o seu quadro, modificando-se-lhe, ao mesmo tempo, no to-cante a essas funcções novas, o methodo e a distribuição do serviço entre os seus membros".

De accôrdo com essas idéas, elle incluiu no programma do partido republicano liberal as seguintes medidas:

1ª, — unificar, transferindo-o para a União, o direito de legislar sobre o processo civil, commercial e criminal;

2ª, — unificar a magistratura em todo o paiz, ou, quando menos, resguardar as magistraturas estaduaes com a égide protectora da União, estendendo, declaradamente, a ellas a vitaliciedade, a inamovibilidade, a insuspensabilidade admi-nistrativa e a irreductibilidade nos vencimentos, de que, con-stitucionalmente, goza a magistratura federal;

3ª, — ampliar a missão do Supremo Tribunal Federal, habilitando-o, por meio dos recursos convenientes, a unificar a jurisprudencia, na interpretação das leis civis, commerciaes e penaes.

Consideramos a unificação da justiça contrária ao regi-men federativo.

Não é possivel haver federação sem que cada Estado pos-súa uma organização com os elementos necessarios ao desem-penho de suas diversas funcções.

Por outro lado, a divisão de poderes é principio funda-mental no nosso regimen e tão importante é o Poder Judicia-rio como o Legislativo e o Executivo. Aberto o caminho para a centralização, com a unificação do Judiciario, nada impedi-ria que fizessemos depois a unificação de qualquer dos outros.

A unificação da justiça importaria, pois, a mutilação do regimen, como bem accentua Lacerda de Almeida com as se-guintes palavras:

"Como, sem atacar pela base a organização federal, conce-ber uma só magistratura para Estados politicamente autono-mos? Fôra reduzil-os á simples condição de provincias do Imperio, e teriamos um aleijão com dualidade legislativa e executiva e unidade judiciaria: uma republica meio unitaria, meio federativa, o que não é logico, e o peior, nem isento de perigos". (1)

Demais, seria justo que se impuzesse semelhante *capitis diminutio* a Estados cuja magistratura resiste a confronto com a magistratura da União, unicamente pelo facto de que alguns ainda não comprehenderam o imperioso dever que lhes cabe de organizal-a com as condições precisas a bem desempenhar sua alta missão?

"A' organização constitucional federativa", escreve PEDRO LESSA, "tem sido sempre inherente a dualidade de justiça. Nos Estados Unidos da America do Norte, na Suissa, no Mexico, na Colombia, na Venezuela, ha a justiça local ou commum e a justiça federal ou especial, cuja competencia é limitada ao processo e julgamento de certas causas, indicadas nos textos constitucionaes e, excepcicnalmente, em leis ordinarias...

Se á União fosse outorgada competencia para legislar sobre o processo em geral, teriamos uma destas duas consequencias: ou o processo em dissonancia com a composição dos tribunaes, com as attribuções conferidas aos juizes das diversas instancias, ou a faculdade outorgada aos Estados de elaborarem as suas leis de organização judiciaria reduzida ao insignificante poder de crear logares de judicatura, augmental-os ou diminuil-os". (2)

Em entrevista concedida ao *Imparcial,* em 1916, PEDRO LESSA ratifica a sua opinião da seguinte maneira:

"Falla-se muito em reforma do direito judiciario para o fim de passarem para a União toda a magistratura e todo o processo. Creio que os que propugnam por essa reforma ainda não reflectiram bem nos seus corollarios e na sua perfeita inutilidade. Não é possivel separar a organização judiciaria das leis processuaes, para confiar uma á União e as outras aos

---

(1) "O Direito", vol. 117, pag. 44.
(2) "Do Poder Judiciario", pags. 4 e 7.

Estados. Passarão, portanto, para a União as leis processuaes e a organização e o custeio da magistratura. Ficaremos, por esse modo, aquem do que eramos ao tempo do Acto Addicional, que ao menos entregava ás assembléas provinciaes a divisão judiciaria. Mas, isso nada é deante desta difficuldade: será preciso transferir para a União tributos equivalentes ás despesas que vão accrescer. De que parte da receita dos Estados arrancar estes impostos? Augmentará a União os seus encargos sem nada exigir dos Estados, que ficam alliviados de onus correspondentes? Na actual situação financeira?... E tudo isso por que? Porque ha ingenuos que acreditam que a União vai nomear melhores juizes do que os Estados. Mas, não vêem que o pessoal que vai influir nas nomeações, governadores e deputados, é exactamente o mesmo que faz hoje essas nomeações?..."

Com relação á unidade da magistratura, estamos de pleno accôrdo com Pedro Lessa, mas no que diz respeito á unidade do processo, não podemos deixar de reconhecer o fundamento da argumentação dos eminentes jurisconsultos que tão calorosamente defendem tal medida.

"Se louvamos a nossa Constituição Federal", diz João Monteiro, "por haver no art. 34. n. 23, mantido com indiscutivel sabedoria a unidade material do direito civil, commercial e criminal, unidade que é o mais poderoso elemento conservador da unidade nacional, nunca acharemos palavras bastantemente energicas para condemnar a incongruencia com que no art. 63 deixou aos Estados livre competencia para legislarem sobre o seu direito formal. A substancia una e identica em todo o paiz; mas o modo de ser visivel da mesma substancia multiplo e dispár!"

Os nossos escriptores, em suá grande maioria", escreve Felinto Bastos, "justificam as theorias sustentadas no Congresso Constituinte pelo notavel representante deste Estado (Bahia), dr. Amphilophio F. de Carvalho, e compendiadas no seu trabalho — Unidade Nacional e Federal: "A lei processual não deve ser outra cousa senão a propria lei substantiva no seu processo de applicação, pois que o seu fim não é senão indicar os meios e os processos pelos quaes aquella é chamada a ter applicação nos casos occurrentes. Como justificar semelhante separação? Como, pois, deixar á competencia dos Estados, como assumpto de sua plenitude legislativa, as leis que estabelecem e regulam taes processos, quando é da União, privativamente sua, na competencia da elaboração, a lei que, por esses processos, terá de ser applicada? A lei processual deve ser o reflexo da lei substantiva; naquella se deve reflctir, como em um espelho, todo o pensamento, espirito, intuitos e previsões desta. Uma é complemento e execução da outra". (*)

Depos de mostrar a intima relação existente entre o direito substantivo e o direito adjectivo; que muitos dos codigos civis comprehendem não só a theoria como o regulamento da prova (o italiano, por exemplo); que os codigos civis da Belgica e da Allemanha romperam com a tradição do francez, regulando expressamente algumas acções, que os autores deste ultimo remetteram para o Codigo do Processo Civil; e que, finalmente, a propria jurisprudencia franceza consagra a maxima, ás vezes verdadeira, *la forme emporte le fond,* que justifica em muitos casos essas minudencias em um codigo civil e tem sempre applicação áquelles, em que a forma do titulo (materia da eurematica) decide da efficacia do direito, como quando o instrumento escripto ou publico é de substancia do acto, Coelho Rodrigues declara o seguinte:

"Não faltava, pois, apoio ao meu intento de ampliar o quadro do plano; entretanto, como a opinião, que me parece preferivel, não é tão liquida que se possa dizer corrente, e a questão tinha, para nós, uma importancia especial, depois que o § 23 do art. 34 da Constituição Federal reservou ás legislaturas dos Estados o processo das respectivas justiças, fui o mais sombrio possivel no tocante a essa materia. Casos houve, porém, em que me pareceu ficaria o projecto sem vida, sem mo-

---

(*) "Manual de Direito Publico e Direito Constitucional Brasileiro", pags. 141 e 143.

vimento, e, por consequencia, sem execução, ou com esta dependente de vinte codigos processuaes — quasi todos ainda no dominio do possivel remoto — e nesses não recuei deante da censura do exorbitante, não só pelos fundamentos expostos como por entender que a Constituição apenas excluiu da competencia federal aquella parte do processo, que depende da organização judiciaria local, reservada á legislatura dos respectivos Estados". (*)

Por sua vez, CARVALHO DE MENDONÇA assim se manifesta: "O systema hybrido da Constituição Federal tem motivado a distincção entre leis *substantivas e adjectivas,* tambem chamadas: as primeiras, leis *preceituaes, materiaes, theoricas* ou *fundamentaes;* as segundas, leis *formaes* ou *processuaes.*

Essa separação equivale á que se observa entre a *substancia* e a *fórma.*

Não é facil, entretanto, separar praticamente o direito material do direito processual, para estabelecer a competencia legislativa da União e a dos Estados.

"O estatuto processual é uma das fortes condições existenciaes do Direito. As leis do processo estão para o organismo legal de um povo, assim como os orgãos de apprehensão e locomoção estão para o corpo humano. Ellas servem de actualizar o que é potencial e abstracto: movimentam e dramatizam as faculdades juridicas que repousam latentes no seio da consciencia individual". Definiu nesses termos o saudoso Martins Junior o vinculo que une o direito material ao processual.

Por meio do direito processual, realizam-se os interesses disciplinados e garantidos pelo direito material.

(*) Exposição de motivos ao Projecto do Codigo Civil, pags. 15 e 16:

"Do Codigo Civil", observa CLOVIS BEVILAQUA, "deviam ser banidas todas as disposições meramente processuaes, porque é aos poderes legislativos estaduaes que compete regular o processo. A tarefa não era simples, porque, muitas vezes o preceito e a forma se penetram, de modo que um não póde ir sem a outra. Mas o Codigo esforçou-se por se manter na sua orbita, afastando todas as regras processuaes, salvo uma ou outra vez, como em materia de casamento e de hypotheca, onde a intransigencia sacrificaria a regra adoptada". (Codigo Civil, vol. I, pag. 78).

UNIDADE DE MAGISTRATURA E DE PROCESSO 97

Se este direito é federal, aquelle deve igualmente ser. Transigir sómente se poderia com a organização judiciaria, confiando-a aos Estados. Desde que se deu ao poder federal a competencia exclusiva de legislar sobre o direito privado, não se comprehende como fosse deixado o direito processual aos Estados.

Para procedencia do systema constitucional, seria mister reconhecer nos Estados poder superior ao da União. O direito processual garante, em ultima analyse, os mesmos interesses concretos que o direito material e, fundamentalmente, não tem conteúdo substancial proprio, seu. Elle não passa de um complexo de normas *secundarias,* de *normas-meio,* em confronto com as normas do direito material.

O direito material e o processual completam-se, integram-se para tutela dos interesses que visam proteger e que são os mesmos.

'O criterio adoptado pela Constituição não se justifica por motivo algum de ordem juridica, social ou politica, disse insigne magistrado e parlamentar; significa um retrocesso no caminho da nossa civilização, quando comparado com o systema que nos deixara a Monarchia.

Nesta situação creada pela Constituição Federal, os principios não pódem ser apurados com rigor.

Em alguns institutos, torna-se impossivel separar as duas partes, a material e a processual, sem produzir dois aleijões. Serve de exemplo typico a fallencia.

Em outros, onde talvez a secção desse tal resultado, attribuida a competencia de estatuir sobre o processo a poder differente do que legislasse sobre o direito material, surgiria o grave perigo de se burlarem os fins e intuitos que este visou. Exemplo: a letra de cambio e o regimen hypothecario.

Nesses casos, o direito processual deve ceder ao substantivo pela ordem natural das cousas, firmando-se a competencia exclusiva da União para legislar sobre aquelles institutos em sua integridade". (*)

(*) Direito Commercial Brasileiro", vol. I, pag. 118.

A 7

Não seria possivel attribuir aos Estados a faculdade de manter a sua magistratura sem lhes reconhecer, como corollario logico, a competencia de legislar sobre a sua organização judiciaria. Se, pois, esta não pudesse ser separada da parte propriamente processual, claro é que a unidade do processo de modo algum encontraria justificativa. Mas tal impossibilidade não existe, como se vê do seguinte:

"Constitue postulado na sciencia juridica que toda legislação perfeita se desdobra fundamentalmente em *leis materiaes* (substancia, materia organica das regras de direito ou *norma agendi* – - the *substantive laws*, de Bentham) e leis *formaes* (processo, forma do exercicio das relações de direito ou *facultates agendi* — the *adjective laws*, do famoso jurisconsulto inglez). Estas ainda se subdividem em *leis de organização judiciaria*, ou systema das regras de creação e competencia das autoridades judiciarias, e *leis processuaes propriamente ditas*, ou systemas das formulas pelas quaes o poder judiciario funcciona, ajustando as regras de direito ás relações de direito.

Lei, organização judiciaria, processo: eis os tres elementos constructores da synthese de qualquer legislação perfeita". (*)

E, se assim é, por que não commetter as leis processuaes propriamente ditas á competencia privativa do Congresso Nacional?

(*) JOÃO MONTEIRO: "Theoria do processo civil", vol. I, pag. 206.

Referindo-se ao seu paiz, escreve AGUSTIN DE VEDIA:

"O systema actual produz em nosso paiz serios inconvenientes para a rapida decisão da justiça e permitte diversas interpretações, pelas legislaturas locaes, de principios que têm origem nas leis civis, commerciaes ou criminaes. Cria, além disso, um grande mal-estar a que já hei referido. Por essa razão, não tem faltado á iniciativa incipiente de alguns tratadistas a iniciativa official tendente a fazer desapparecer esse mal-estar por meio da unificação do direito processual. Essa iniciativa official se traduziu no decreto de 19 de Dezembro de 1904, firmado pelo dr. Manoel Quintana e referendado pelo seu ministro, dr. Joaquin V. González". ("Unidad de procedimientos judiciales en la República Argentina", pagina 38.

X V

COMPETENCIA ORIGINARIA DO SUPREMO TRIBUNAL FEDERAL

Estabelece o art. 59 da Constituição Federal:

"Ao Supremo Tribunal Federal compete:

I. Proceder e julgar originaria e privativamente:

a) o presidente da Republica, nos crimes communs e os ministros de Estado, nos casos do art. 52;

b) os ministros diplomaticos, nos crimes communs e nos de responsabilidade;

c) as causas e conflictos entre a União e os Estados, ou entre estes, uns com outros;

d) os litigios e as reclamações entre nações estrangeiras e a União ou os Estados;

e) os conflictos dos juizes ou tribunaes federaes entre si, ou entre estes e os dos Estados, assim como os dos juizes e tribunaes de um Estado com os juizes e tribunaes de outro Estado. (*)

(*) In all cases affecting ambassadors, other public ministers and consuls and those in which a State shall be part, the Supreme Court shall have original jurisdiction. (Const. Amer. art. II, sec. 2ª).

En todos los asuntos concernientes á Embajadores, Ministros y Cónsules extranjeros y en los que alguna provincia fuese parte la ejercerla originaria y exclusivamente. (Const. Arg. art. 101).

Como se vê, as duas diposições, perfeitamente iguaes, differem bastante do art. 59 da nossa Constituição.

Além dos casos acima enumerados, o Congresso Nacional tem conferido ao Supremo Tribunal Federal outras attribuições originarias, taes como as de processar e julgar:

a) os membros do proprio Supremo Tribunal Federal, nos crimes communs;

b) os governadores ou presidentes dos Estados, nos crimes de responsabilidade, pelos delictos commetidos contra o livre exercicio dos direitos politicos;

c) os ministros do Tribunal de Contas, nos crimes de responsabilidade;

d) os juizes seccionaes ou federaes, inclusive os substitutos e supplentes, nos crimes de responsabilidade;

e) as homologações das cartas e sentenças dos tribunaes estrangeiros, para serem exequiveis no Brasil;

f) os pedidos de extradição feitos pelas nações estrangeiras.

Com excepção das duas ultimas, cujos assumptos pódem ser perfeitamente considerados como abrangidos pelo artigo 59, n. I, letra *d*, da Constituição, as demais disposições, consoante a bôa doutrina e segundo se entende nos Estados Unidos, são evidentemente inconstitucionaes. (1)

De accordo com a nossa theoria constitucional, escreve HERMAN JAMES, a jurisdicção originaria do Supremo Tribunal Federal é incapaz de expansão ou contracção por qualquer outro processo senão o de emenda constitucional... Todavia, subsequentes leis têm ampliado a jurisdicção do Supremo Tribunal Federal. (2)

Mas, nos Estados Unidos, se a jurisdicção originaria é insusceptivel de ampliação ou restricção, não é, todavia, exclusiva: o Congresso póde investir as côrtes federaes inferio-

---

(1) The original jurisdiction of this Court cannot be extended by statute. (MC. CLAIN: "Constitution law in the United States", pag. 248).

(2) "The Constitutional System of Brasil", pag. 111.

res de jurisdicção semelhante em concurrencia com a Suprema Côrte. (1)

Na Argentina e no Brasil, tal não póde acontecer, pois, tanto lá como aqui, a jurisdicção originaria é exclusiva ou privativa.

Não seria o caso de incluir no referido artigo 59 os casos attribuidos por lei ordinaria ou, então, commetter ao Congresso Nacional a faculdade de ampliar, quando necessario, os casos de competencia orginaria? (2)

---

(1) **BLACK**: "Handbook of American Constitutional Law", pag. 175.

(2) **Em** materia de "habeas-corpus", o Supremo Tribunal Federal, consoante a sua jurisprudencia, manifesta-se originariamente nos seguintes casos: 1º — quando a coacção procede do presidente da Republica, de ministro de Estado, de juiz seccional, do mais alto tribunal de justiça local ou de acto ou decisão do proprio Supremo Tribunal Federal; 2º — quando pela imminencia do perigo de soffrer o paciente a coacção, antes que outro juizo possa conhecer da especie, o Supremo Tribunal é forçado a resolver o caso, sob pena de, não o fazendo, deixar que se viole o preceito constitucional garantidor do "habeas-corpus".

Rigorosamente, a competencia originaria do Supremo Tribunal sobre "habeas-corpus" só deve ser admissivel como corollario da jurisdicção originaria que lhe compete. (**TAYLOR**: "Jurisdiction and procedure of the Supreme Court", pag. 42).

XVI

TRIBUNAES REGIONAES

Não é possivel deixar de reconhecer a necessidade da creação dos tribunaes regionaes.

Juristas eminentes, compenetrados dessa necessidade, fizeram em seu favor prodigios de argumentação, mas nada conseguiram ante a clareza insophismavel do texto constitucional.

Como, nos Estados Unidos, existem as côrtes de circuito de appellação e, na Argentina, as côrtes federaes de appellação, affirmavam elles que os tribunaes regionaes podiam ser creados, sem attenderem a que as constituições daquellas republicas declaram que a Suprema Côrte exercerá sua jurisdicção em gráo de appellação, *segundo as regras e excepções estabelecidas pelo Congresso*, e a Constituição Brasileira reza simplesmente que o Supremo Tribunal Federal julgará em gráo de recurso as questões resolvidas pelos juizes e tribunaes federaes. (*)

Tal qual se dá com a jurisdicção originaria (vide pag. 100), a competencia em gráo de appellação aqui está adstricta ao que dispõe a Constituição, ao passo que, na Argentina e

---

(*) In all the other cases before mentioned, the Supreme Court shall have appellate jurisdiction, both as to Law and Fact, with such exceptions and under such regulations as the Congress shall make (Const. Amer. art. III, sec. 2.ª n. 2).

En estos casos la Corte Suprema ejercerá su jurisdicción por apelación segun las reglas y excepciones que prescriba el Congresso. (Const. Arg., art. 101).

nos Estados Unidos, esta competencia póde ser ampliada ou restringida, a juizo do legislador. (1)

Nada mais evidente!

Emquanto o Supremo Tribunal Federal é constituido de 15 juizes, a Suprema Côrte da Argentina tem apenas 5 membros, e os Estádos Unidos, cuja população é superior a cem milhões de habitantes, mantêm a sua Suprema Côrte com um numero muito mais baixo que aquelle, isto é, nove juizes. (2)

O atrazo no julgamento das causas submettidas á apreciação do Supremo Tribunal Federal não é devido ao facto de não disporem os ministros de tempo sufficiente para o estudo dos autos: existem sempre centenas de processos, estudados, promptos para julgamento.

Concorrem para esse atrazo as discussões que frequentemente se desenrolam no correr dos julgamentos. Ha causas que tomam todo o tempo da sessão. Em se tratando de *habeas-corpus* politicos, póde-se logo affirmar que nesse dia o tribunal não julgará mais nada.

O inconveniente de taes discussões, que, mais de uma vez, já têm provocado troca de apartes que não condizem com a majestade do tribunal, não existe na Suprema Côrte Argentina, que delibera em sessão secreta, nem na Suprema Côrte dos Estados Unidos, na qual, refere WILLOUGHBY, "calma solemnidade, dignidade e rapidez caracterizam os julgamentos; os argumentos, desenvolvidos em voz baixa, são curtos e não offerecem opportunidade para exhibição de oratoria ou brilhante rhetorica". (3)

Em 1919, manifestando-nos pela inconstitucionalidade da

---

(1) And the appellate, jurisdiction may be regulated, enlarged or restricted as Congress shall see fit. (**BLACK**: "Handbook of American Constitutional Law", pag. 176).

(2) Quanto aos tribunaes regionaes ou de circuito dá-se justamente o contrario: aqui foram creados tres tribunaes, ao passo que nos Estados Unidos existem nove côrtes de circuito de appellação. A Argentina creou, em 1902, 4 camaras de appellação, com sédes em Buenos Aires, La Plata, Paraná e Córdoba, e, em 1910, mais uma camara, com séde em Rosario.

(3) "The Supreme Court of United States", pag. 186.

creação dos tribunaes regionaes, em entrevista concedida a um dos jornaes desta Capital, salientamos a conveniencia de serem, antes do julgamento, distribuidas aos ministros copias dos respectivos relatorios.

Eis como nos manifestamos:

"O relator, logo que ultimasse o seu estudo, apresentaria o respectivo relatorio na secretaria do tribunal, providenciando esta para que fossem immediatamente tiradas copias dactylographadas, afim de serem distribuidas pelos ministros. Assim, submettida a causa a julgamento, todos os ministros já estariam conhecedores do assumpto, podendo, portanto, ser muito mais rapida a decisão. Tal processo teria ainda a vantagem de proporcionar ao tribunal melhor conhecimento do feito, pois actualmente a materia dos autos é desconhecida da grande maioria dos seus membros até a occasião do julgamento. Feito isso, e augmentado o numero de sessões, é possivel que se conseguisse obviar, em grande parte, o inconveniente apontado, sem que se tornasse mister transgredir os preceitos da Constituição Federal".

Tal systema acaba, aliás, de ser adoptado na Côrte de Appellação do Districto Federal pelo decreto n. 16.273, de 20 de Dezembro de 1923, segundo se vê do seguinte:

"O relator, no prazo de 25 dias, fará nos autos o relatorio do processo e o passará ao revisor, e, este appondo o seu visto ou additando o relatorio no prazo de 15 dias, entregará os autos á secretaria, com o pedido de dia para julgamento. Recebendo os autos, o secretario, no prazo improrogavel de cinco dias, distribuirá pelos demais desembargadores copias conferidas e rubricadas do relatorio e additamento, se houver. Certificada nos autos a distribuição das copias, ficará o feito em mesa durante cinco dias, findos os quaes, o presidente da Côrte o submetterá a julgamento na sessão immediata". (§§ 1°, 2° e 3° do art. 118).

Para restringir ainda mais a sobrecarga de serviço que pesa sobre o Supremo Tribunal Federal poder-se-ia commetter aos tribunaes regionaes o julgamento das causas de cidadãos residentes em Estados diversos. (Const. Fed. art. 60 letra *d*).

As ultimas palavras dessa disposição "diversificando as leis destes" têm dado logar a tres interpretações. Sustentam uns que só póde occorrer tal hypothese quando entre os Estados das partes litigantes varia o direito adjectivo; outros, que a Constituição quiz referir-se, de facto, a leis substantivas, mas, como estas não pódem diversificar, concluem que os litigios, a que ella se refere, são sempre de competencia da justiça local, o que importa tornal-a completamente inapplicavel.

A terceira interpretação é dada por BARBALHO: taes palavras são devidas ao facto de no congresso constituinte haver sido grande a tendencia para a pluralidade do direito substantivo e, uma vez admittida a unidade, deixou-se, por descuido, de as eliminar. Dahi resulta que á justiça federal cabe sempre julgar os litigios entre cidadãos de Estados diversos. Tal é a interpretação adoptada actualmente pela maioria do Supremo Federal e a que se nos afigura mais procedente.

Mas, qual a razão da inclusão desse dispositivo na nossa Constituição?

Nos Estados Unidos, o estabelecimento de disposição identica foi devido ao receio de que os juizes locaes pudessem ser parciaes em favor dos habitantes de seu Estado. (1)

O mesmo se deu na Argentina. (2)

Rigorosamente, não ha, entre nós, motivo para essa suspeição e, portanto, taes questões deveriam ser julgadas pela justiça local. Entretanto, como a competencia da justiça federal já representa uma tradição no nosso direito, seria conveniente attribuir o seu julgamento aos tribunaes regionaes, qualquer que fosse o valor da acção, salvo quando envolvesse materia constitutional, caso em que o recurso, consoante a regra geral, deverá caber ao Supremo Tribunal Federal.

---

(1) **BLACK:** "Handbook of America Constitutional Law", **pag. 164.**

(2) **JOAQUIN V. GONZÁLEZ:** "Manual de la Constitución Argentina", pag. 625.

Desta maneira, e admittido o recurso para os tribunaes regionaes das demais causas julgadas pelos juizes seccionaes, até o valor de cincoenta contos, o Supremo Tribunal Federal, bastante alliviado, estaria em situação de poder manter sempre em dia os seus julgamentos; e, como a bôa razão aconselha que os referidos tribunaes sejam em numero sufficiente ás necessidades do serviço, tudo faz crêr que, quanto á justiça federal, teriamos realizado o ideal de uma justiça rapida, como requerem os governos democraticos.

XVII

EMPRESTIMOS EXTERNOS

A Constituição Federal declara que é facultado aos Estados, em geral, todo e qualquer poder ou direito que lhes não fôr negado por clausula expressa ou implicitamente contida nas clausulas expressas da Constituição (art. 65, n. 2).

Isto significa que cabem á União sómente os poderes enumerados na Constituição, sem prejuizo, porém, dos poderes implicitos (*implied powers*) e daquelles que, sem serem nem expressos nem implicitos, decorrem, entretanto, da soberania nacional (*resulting powers*).

No Canadá, dá-se justamente o contrario: as provincias possuem tão sómente os poderes enumerados.

Tal systema foi adoptado em razão da crença, que ahi prevaleceu, de que os largos poderes da União Americana constituiram o principal factor da guerra civil. (*)

Manifestando-se em favor desse systema, declara MA-TIENZO que o Canadá assim tem assegurado a acção efficaz e previsora de sua autoridade central, ha extincto a fonte de muitos conflictos e attribuições e evitado que as necessidades novas, cuja satisfação uniforme interesse a todo o paiz, fiquem sujeitas á diversidade de legislação das provincias, incapazes, muitas vezes, de satisfazel-as.

(*) Vide "Manual da Constituição Brasileira", pag. 46.

Está ahi, escreve elle, um principio que considero razoavel adoptar na Republica Argentina, cujas provincias, quasi sempre affligidas pelo *deficit* de seus orçamentos, se acham de ordinario na posse de uma sobra inutil de soberania, como esses nobres pobres que, á falta de dinheiro, ostentam titulos e pergaminhos sem applicação ás necessidades da luta pela existencia. (*)

Não nos parece necessaria semelhante restricção aos poderes dos Estados.

O que se torna indispensavel é não exaggerar a sua autonomia, que não póde prevalecer contra os altos interesses da Nação. Foi isso o que sustentamos no *Manual da Constituição Brasileira,* a proposito do projecto Sá Freire, de 7 de Julho de 1912, tornando dependentes de consentimento do Governo Federal os emprestimos externos que tivessem de ser contrahidos pelos Estados e municipios:

"O projecto foi taxado de inconstitucional e, como tal, condemnado pela maioria daquella casa.

Invocou-se como argumento decisivo o exemplo dos Estados Unidos, sem a reflexão, porém, de que, emquanto naquelle paiz se sustenta o principio da illegitimidade da intervenção estrangeira no caso de cobrança de divida, nós externamos opinião contraria na Segunda Conferencia de Haya, em 1907.

Quer isso dizer: a falta de cumprimento das obrigações contrahidas por um Estado da Republica Americana em nada affecta os interesses da União como os de qualquer dos outros Estados. Entre nós, porém, é indeclinavel a responsabildade do Governo Federal em tal hypothese.

Se, no caso de inexecução dos contratos realizados pelos Estados, a responsabilidade recai directamente sobre a União, é bem de vêr que a esta cabe tomar todas as medidas necessarias para que se não torne effectiva essa responsabilidade.

(*) "El Gobierno Representativo", pag. 337.

EMPRESTIMOS EXTERNOS

Assim como a liberdade individual encontra a sua natural restricção no respeito á liberdade alheia, assim tambem a autonomia de um Estado encontra a sua natural restricção no respeito á autonomia de outro Estado e, com maioria de razão, no respeito á soberania da União.

A autonomia de um Estado não póde, pois, perturbar as relações da União com os demais Estados, nem as destes entre si, nem o exercicio dos poderes conferidos pela Constituição ao Governo Federal. (*)

Ora, se a politica internacional é de exclusiva competencia da União, claro é que os Estados estão inhibidos de, sem o seu consentimento, executar acto algum que de leve possa affectal-a, pois o contrario importaria a destruição daquelle fundamental principio".

E' geralmente reconhecida a necessidade de intervenção da União no tocante aos emprestimos externos contrahidos pelos Estados.

No programma do partido federalista do Rio Grande do Sul se declara que os Estados não poderão contrahir emprestimos externos sem prévia approvação do Senado Federal.

Em sua plataforma de 1910, declara RUY BARBOSA:

"Seria um desafogo para o credito nacional e um beneficio inestimavel para o dos proprios Estados regular tambem constitucionalmente a faculdade, natural a elles como aos municipios, de contrahir emprestimos externos, quando estes possam vir a empenhar a responsabilidade federal, provocar intervenções estrangeiras e arriscar a nossa integridade ou prejudicar a nossa reputação. E' uma suggestão utilissima, que, entre nós, tem captado geraes sympathias, e que, ainda ha pouco, vimos adoptar, no Rio Grande do Sul, pelo partido republicano democratico, em seu projecto de programma".

No programma do partido republicano liberal, RUY BARBOSA insiste na conveniencia de "regular aos Estados e

---

(*) BLACK: "Handbook of American Constitucional Law", pag. 24.

municipios as condições em que lhes seja permittido contrahir emprestimos no estrangeiro".

E a mensagem de 3 de Maio ultilo accentua essa grande necessidade, como se vê do seguinte:

"Sem embargo da autonomia dos Estados, base fundamental da Federação, a realidade, em materia financeira, é que o credito publico da Nação, que para todos os brasileiros deve ser considerado a nossa maior riqueza, ás vezes se desprestigia nos mercados monetarios estrangeiros pela impontualidade de alguns Estados.

Os brasileiros não pódem descurar esse facto grave. Em tres mensagens consecutivas, o saudoso estadista sr. Rodrigues Alves revelou suas apprehensões a respeito da situação penosa que alguns Estados iam creando para o credito do Brasil. Senadores e deputados têm já, por vezes, proposto medidas nesse sentido, julgadas, aliás, sempre inconstitucionaes.

A verdade, porém, é que se vai tornando indispensavel seja combinada uma formula para evitar essa situação, a bem dos creditos da Nação Brasileira, quando providencias de ordem constitucional não venham a ser adoptadas". (*)

(*) No Mexico, a Constituição prohibe expressamente aos Estados "emittir titulos de divida publica, pagaveis em moeda estrangeira ou fóra do territorio nacional, contratar directa ou indirectamente emprestimos com governos de outras nações, ou contrahir obrigações em favor de sociedades ou particulares estrangeiros, quando hajam de expedir titulos ou "bonus" ao portador ou transmissiveis por endosso, (art. 117 n. VIII).

MATIENZO, sustentando a necessidade de se conferir ao Governo Federal da Argentina algumas faculdades que, nas mãos das Provincias, elle considera perigosas para a liberdade e para o progresso nacional, observa o séguinte:

"Em materia financeira, os factos têm já provado eloquentemente que o uso promiscuo do credito exterior pela Nação e pelas Provincias prejudica de um modo grave a primeira, que apparece moralmente responsavel ante o estrangeiro por todos os emprestimos e procedimentos financeiros das Provincias. E é claro: fóra das fronteiras da Republica nada tem que fazer as Provincias, pois, para pôr-se em contacto com os povos, ahi está a Nação com a sua soberania exterior indivisivel. Nada seria, pois, mais logico que prohibir ás Provincias, como insinuou o ministro Lopez, a realização de emprestimos externos". (Ob. cit. pag. 336).

XVIII

AUTONOMIA MUNICIPAL

Sempre se nos afigurou incompativel com a autonomia municapal, consagrada no artigo 68 da Constituição Federal, a faculdade conferida ao Executivo para nomear prefeitos ou intendentes municipaes e, bem assim, a competencia reconhecida a qualquer dos poderes do Estado para tomar conhecimento de recurso sobre validade de eleição dos membros do conselho municipal. (*)

Ruy Barbosa e Pedro Lessa entendem que taes nomeações são inconstitucionaes.

O Supremo Tribunal Federal, durante muito tempo, opinou pela constitucionalidade, mas, em 1920, em dous accordãos

---

(*) Puede decirse que el régimen municipal de la Constitución — el cual implica, como antes he dicho, la elección popular y la autonomia — existe donde el jefe de su departamento ejecutivo es elegido por el Gobernador y una mayoria legislativa, en vez de serlo por el pueblo directamente? Todos los autores de reconocida competencia en la materia sostienen que el principio de la elección popular debe ser aplicado tanto en la organización del departamento ejecutivo como en la del departamento deliberante de la municipalidad, para que ésta sea realmente autonoma y pueda, con eficacia, cumplir los fines de su institución. (GONZÁLEZ CALDERÓN: "Derecho Constitucional Argentino", vol. III, pag. 528).

A Constituição Mexicana declara que os Estados adoptarão a forma de governo republicano representativo popular, tendo como base de sua divisão territorial e de sua organização politica administrativa o municipio livre, observado o seguinte: I Cada municipio será administrado por uma junta de eleição popular directa e não haverá nenhuma autoridade intermedia, entre este e o Governo do Estado; II... (art. 115).

(de 3 d Janeiro e 26 de Maio) passou a sustentar doutrina contraria, isto é, que a nomeação de prefeitos ou intendentes pelo Executivo attentava flagrantemente contra a autonomia municipal, accentuando, no ultimo, que "nenhuma cousa se concebia de mais peculiar interesse do municipio do que a eleição dos seus representantes para o desempenho das funcções locaes". E tal jurisprudencia tem sido mantida até agora.

No tocante ao recurso de verificação de poderes, mais vacillante é a jurisprudencia do Supremo ,Tribunal Federal. Os accordãos n. 599, de 10 de Janeiro de 1912, n. 600, de 24 de Janeiro de 1912, n. 4.276, de 23 de Maio de 1917, n. 4.308, de 11 de Agosto de 1917, e n. 5.092, de 9 de Julho de 1919, declaram ser constitucional o recurso da verificação de poderes para o Judiciario, pois, julgando este pelo allegado e provado, garante mais efficazmente a autonomia municipal. Nos arcordãos n. 3.005, de 2 de Maio de 1911, ns. 4.713, de 8 de Janeiro, e 4.718, de 11 de Janeiro de 1919, se declara não ser igualmente inconstitucional o recurso da verificação de poderes para o Legislativo.

No accordão n. 4.708, de 23 de Dezembro de 1918, o Supremo Tribunal Federal adopta criterio mais amplo, admittindo o recurso, quer para o Judiciario, quer para o Legislativo, quer, finalmente, para o Executivo. Em sentido contrario, porém, o accordão n. 5.515, de 3 de Janeiro de 1920, considera attentatorio da autonomia municipal o acto do Executivo que annulla eleições municipaes.

Affirma PEDRO LESSA que a autonomia municipal não tolera a intervenção, mediante recurso, de qualquer poder, senão o Judiciario, na organização do executivo e legislativo do municipio.

A nosso vêr, julgado indispensavel o recurso, afigura-se preferivel commettel-o ás assembiéas legislativas.

Em regra, compete ás assembléas legislativas estaduaes, declarar sem effeito as resoluções e actos das camaras municipaes contrarios ás constituições e leis federaes e estaduaes, ca-

AUTONOMIA MUNICIPAL

bendo ao Executivo suspendel-os quando estiverem encerrados os trabalhos legislativos. (1)

AMARO CAVALCANTI é de parecer, porém, que só ao Judiciario deve competir tal faculdade. (2)

Ainda neste caso, julgamos preferivel a intervenção do Legislativo.

Em varios Estados, os prefeitos das respectivas capitaes são nomeados pelos governadores ou presidentes, e tudo parece indicar a conveniencia dessa medida. Por outro lado, muitos sustentam a necessidade não só do recurso sobre a validade das eleições como da annullação pelo Legislativo das resoluções municipaes contrarias ás leis federaes e estaduaes.

Não seria preferivel precisar esses pontos do que deixar a autonomia municipal á mercê de multiplas interpretações?

---

(1) CASTRO NUNES: "As Constituições Estaduaes do Brasil, pag. 158.
(2) "Regimen Federativo", pag. 368.

XIX

EXPULSÃO DE ESTRANGEIROS

A primeira lei de expulsão de estrangeiros (n. 1.641, de 7 de Janeiro de 1907) dispunha o seguinte:

"O estrangeiro que, por qualquer motivo, commetter a segurança nacional ou a tranquillidade publica póde ser expulso de parte ou de todo o territorio nacional (art. 1°).

São tambem causas bastantes para a expulsão: 1ª, a condemnação ou processo, pelos tribunaes estrangeiros, por crimes ou delictos de natureza commum; 2ª, duas condemnações, pelo menos, pelos tribunaes brasileiros, por crimes ou delictos de natureza commum; 3ª, a vagabundagem, a mendicidade e o lenocinio completamente verificados (art. 2°).

Não póde ser expulso o estrangeiro que residir no territorio da Republica por dois annos continuos, ou por menos tempo quando: *a*) casado com brasileira; *b*) viuvo com filho brasileiro" (art. 3°).

Sustentam muitos, e entre elles Barbalho, Aurelino Leal e Afranio Mello Franco, que a residencia no paiz não impede o estrangeiro de ser expulso do territorio nacional.

"Não ha fundamento", escreve Barbalho, "para se admittir que a nossa Constituição, afim de ser favoravel aos estrangeiros, se tenha desarmado de um meio prompto e efficaz de desembaraçar-se dos que lhe são nocivos, direito de que fazem uso todos os governos que não são idiotas. Ella garante o estran-

EXPULSÃO DE ESTRANGEIROS

geiro, é exacto, mas, em primeiro logar, e sobretudo, garante-se a si, ao Estado, á sociedade e ao povo brasileiro". (1)

E essa foi a jurisprudencia adoptada por varios accordãos do Supremo Tribunal Federal nos primeiros annos que se seguiram á promulgação da Constituição Federal.

E' direito inherente á soberania de toda nação prohibir a entrada de estrangeiros em seu territorio, admittil-os sómente mediante determinadas condições ou expulsal-os quando julgar conveniente. (2)

A Inglaterra, que, durante muito tempo, não admittira o direito de expulsão, o reconheceu formalmente pelos *aliensact* de 1905. (3)

Na Argentina, permitte-se a expulsão de qualquer estrangeiro que commetta a segurança nacional ou perturbe a ordem publica, seja ou não residente no territorio argentino (4); e, nos Estados Unidos, nunca foi objecto de contestação o direito que cabe ao governo de deportar os estrangeiros não naturalizados, cuja permanencia seja considerada nociva ao paiz. (5)

A Constituição do Mexico, depois de declarar que os estrangeiros têm direito ás garantias individuaes outorgadas aos nacionaes pela Constituição, accrescenta: "mas o Executivo da União terá a faculdade exclusiva de expulsar do territorio nacional, immediatamente e sem necessidade de juizo prévio, todo estrangeiro cuja permanencia julgue inconveniente".

---

(1) "Commentarios á Constituição Federal Brasileira", pag. 300.

(2) According to the accepted maxims of international law, every sovereign nation has the power, as inherent in sovereignty and essential to self-preservation, to forbid the entrance of foreigners within its dominions, or to admit them only in such cases and upon such conditions as it may see fit to prescribe. An alien's rigth to remain in the territory of a foreign government is purely a political one and may be terminated at the will of such government and this, too, without notice to such alien of an intention to do so. ("Corpus Juris", vol. II, pag. 1.075).

(3) DUGUIT: "Droit Constitutionnel", vol. II, pag. 37.

(4) Lei de 25 de Novembro de 1902 — ARAYA: "Commentario á la Constitución de la Nación Argentina", vol. I, pag. 213.

(5) BLACK: "Handbook of American Constitutional Law", pags. 292 e 293.

Se é certo que não se deve negar á União os poderes que derivam de sua soberania (*resulting powers*), tambem é certo que taes poderes não devem ser invocados em opposição á Constituição, pois esta, como diz RUY BARBOSA, é a definição de nossa soberania.

Ora, a Constituição Federal, neste ponto, não só se afastou da doutrina corrente como differe de qualquer outra constituição, porquanto, excluidos o direito de suffragio, o de accesso aos cargos publicos e o de fazer a navegação de cabotagem, ella equipara o nacional ao estrangeiro residente no paiz.

Nestas condições, — escrevemos no *Manual da Constituição Brasileira* — se ha conveniencia em dar ao Governo maior liberdade de acção, como parece ser hoje a convicção geral, não vemos para o caso outro remedio senão a reforma da Constituição.

Qualquer lei do Congresso, regulando o assumpto, não obviará semelhante inconveniente, porque, se o Congresso póde modificar o conceito de residencia, estabelecendo que só se considerará residente no paiz, para os effeitos do art. 72, o estrangeiro que nelle tiver permanecido durante dois annos, como fez a lei de 1907, nada impede que dilate esse prazo para quatro, dez, vinte ou trinta annos.

Basta isso para mostrar o absurdo de semelhante hermeneutica.

Depois de nos referirmos a diversos accordãos em que se declara que os caftens e anarchistas pódem ser deportados, porque taes individuos não têm residencia no paiz, insistimos no nosso ponto de vista:

"Continuamos a entender que, em face da Constituição, o estrangeiro residente não póde ser expulso, salvo em tempo de guerra, pois, nesta hypothese, os direitos dos subditos das nações inimigas são regulados pelo direito internacional e não pelo direito constitucional.

Tanto é nocivo ao paiz o anarchista ou caften estrangeiro como o anarchista ou caften nacional. Em qualquer dos casos, o remedio deve estar nas leis repressivas. O processo de expulsão é, certamente, mais commodo, mas para isso será mister modificar neste ponto a Constituição Federal".

Com a promulgação do decreto legislativo n. 4.247, de 6 de Janeiro de 1921, (*) parece, entretanto, modificada a attitude do Supremo Tribunal Federal. Assim é que o accordão n. 6.921, de 27 de Maio de 1921, declara que, embora o inquerito mostrasse ser o paciente um elemento pernicioso ao paiz, isto é, um anarchista, não podia ser expulso, visto estar provado que elle residia no paiz ha mais de dez annos. Identica doutrina foi suffragada pelo accordão n. 7.991, de 3 de Dezembro de 1921, no qual se accentua expressamente que, de accordo com a lei n. 4.247, de 6 de Janeiro do mesmo anno, o estrangeiro que residir no Brasil, ininterruptamente, por mais de cinco annos não póde ser expulso; que anarchista ou não, o paciente não podia ser expulso, attenta a circumstancia de ser residente no territorio nacional por mais de cinco annos. Por outro lado, o accordão n. 9.467, de 24 de Setembro de 1923, declara que o estrangeiro que ainda não contar cinco annos de residencia no territorio nacional poderá ser expulso se por acaso se mostrar pernicioso á ordem publica.

Como se vê, segundo o criterio adoptado pelo Legislativo e acceito pelo Judiciario, residente é sómente aquelle que permanece no paiz por mais de cinco annos ininterruptos.

(*) Poderá ser expulso do territorio nacional, dentro de cinco annos, a contar de sua entrada no paiz o estrangeiro a respeito de quem se provar: 1º, que foi expulso de outro paiz; 2º, que a policia de outro paiz o tem como elemento pernicioso á ordem publica; 3º, que, dentro do prazo acima referido, provocou actos de violencia para, por meio de factos criminosos, impôr qualquer seita religiosa ou politica; 4º, que, pela sua conducta, se considera nocivo á ordem publica ou á segurança nacional; 5º, que se evadiu de outro paiz por ter sido condemnado por crime de homicidio, furto, roubo, bancarrota, falsidade, contrabando, estellionato, moeda falsa ou lenocinio; 6º, que foi condemnado por juiz brasileiro, pelos mesmos crimes. (Art. 2º). Não póde ser expulso o estrangeiro que residir no territorio nacional por mais de cinco annos ininterruptos (art.3º). Para o effeito do disposto no artigo antecedente, salvo o caso do n. 4 do art. 69 da Constituição, considera-se residente o estrangeiro que provar; 1.º sua permanencia em logar ou logares certos do territorio nacional durante aquelle prazo; 2º, haver feito por termo, perante autoridade policial ou municipal dos logares onde, no decurso desse tempo residiu, ou para onde se mudou, a declaração de sua intenção de permanecer no paiz; 3º, que dentro do alludido prazo vem mantendo no Brasil um ou mais centros de occupações habituaes, onde exerce qualquer profissão licita (art. 4º).

Mas quem não percebe que semelhante doutrina de modo algum se ajusta ao texto constitucional?

Não será mais prudente alterar neste ponto a Constituição do que deixar que uma providencia muitas vezes indispensavel á segurança publica fique dependente do "arbitrio mutavel da jurisprudencia"?

X X

ACCUMULAÇÕES REMUNERADAS

A prohibição das accumulações remuneradas tem sido e continua a ser, entre nós, objecto de larga controversia. (*)

Já em 1822, o decreto de 18 de Junho, referendado por José Bonifacio, prohibia a accumulação de mais de um emprego em uma só pessôa.

Eis o teor desse decreto:

"Não tendo sido bastantes as repetidas determinações ordenadas pelos senhores Reis destes Reinos na Carta Régia de 6 de Maio de 1623; no Alvará de 8 de Janeiro de 1627; no Decreto de 28 de Julho de 1668 e mais Ordens Régias concordantes com elles, pelos quaes se prohibe que seja reunido em uma só pessoa mais de um officio ou emprego e vença mais de um ordenado; resultando do contrario manifesto damno e prejuizo á Administração Publica e ás partes interessadas, por não poder de modo ordinario um tal empregado publico ou funccionario cumprir as funcções e as incumbencias de que é duplicadamente encarregado, muito principalmente sendo incompativeis esses officios e empregos; e, acontecendo ao mesmo tempo, que alguns desses empregados e funccionarios publicos, occupando

---

(*) Os cargos publicos, civis ou militares, são accessiveis a todos os brasileiros, observadas as condições de capacidade especial que a lei estatuir, sendo, porém, vedadas as accumulações remuneradas. (Const. Fed. art. 73).

os ditos empregos e officios recebem ordenados por aquelles mesmos que não exercitam, ou por serem incompativeis, ou por concorrer o seu expediente nas mesmas horas, em que se acham occupados em outras repartições: Hei por bem, e com parecer do meu Conselho de Estado, exercitar a inteira observancia das sobreditas determinações, para evitar todos estes inconvenientes, ordenando que os presidentes, chefes e magistrados das repartições, a que são addidos esses funccionarios, não consintam, debaixo de plena responsabildade, que elles sejam pagos dos respectivos ordenados, ou sejam mettidos nas folhas formadas para esse pagamento, sem que tenham assiduo exercicio nos seus officios e empregos; e que isto mesmo se observe, ainda mesmo com aquelles que tiverem obtido dispensa régia para possuirem mais de um officio ou emprego na forma permittida no citado Alvará de 8 de Janeiro de 1627, pois que essa graça não os dispensa por modo algum do cumprimento das funcções e incumbencias inherentes aos seus officios e empregos".

Mas tal preceito foi, pouco a pouco, perdendo a sua inflexibilidade.

O aviso n. 89, de 4 de Julho de 1847, declara que "a incompatibilidade de exercicio de empregos diversos póde proceder de tres principios differentes: quando a lei expressamente a tem declarado; quando as funcções dos officios repugnam entre si por sua propria natureza; quando da accumulação delles resulta a impossibilidade de ser cada um servido e desempenhado satisfatoriamente. O effeito, porém, é sempre o mesmo, e consiste em inhabilitar o empregado para servir outro officio, sendo certo que as leis têm creado os empregos para o bem publico, e não para beneficio de quem os occupa, e é esta uma das razões porque, por antiquissimas e expressas disposições, está sanccionada a doutrina de se não accumularem os officios em uma só pessoa".

Menos radical ainda é o aviso n. 77, de 21 de Março de 1864:

"Dependendo de circumstancias que variam a incompatibilidade proveniente da impossibilidade de exercicio simultaneo de empregos diversos, cargos ha que, em certos logares,

ACCUMULAÇÕES REMUNERADAS

pódem ser simultaneamente exercidos sem desvantagem para nenhum delles, ao passo que em outros logares será esse exercicio impossivel ou inconveniente; d'onde se vê que neste objecto não se póde proferir uma decisão generica e absoluta".

A lei n. 28, de 8 de Janeiro de 1892, dispõe que "são incompativeis, desde a investidura, os cargos federaes e os estaduaes, salvo em materias de ordem puramente profissional, scientifica ou technica, que não envolvam autoridade administrativa, judiciaria ou politica na União ou nos Estados, e que perderá o cargo federal de ordem politica, judiciaria ou administrativa, que occupar, o cidadão que acceite funcção ou emprego no governo ou na administração dos Estados".

A lei n. 44 B, de 2 de Junho do mesmo anno, generaliza a excepção, estabelecendo que "o exercicio simultaneo de serviços publicos, comprehendidos por sua natureza no desempenho da mesma funcção de ordem profissional, scientifica ou technica, não deve ser considerado como accumulação de cargos differentes para applicação do final do artigo 73 da Constituição".

Mas quaes os cargos comprehendidos por sua natureza no desempenho da mesma funcção de ordem profissional, scientifica ou technica?

As leis ns. 28 e 44 B, constituiram, na opinião de BARBALHO, verdadeira derogação da prohibição constitucional. (*)

Além disso, os seus termos, por demais vagos, não podiam deixar de se prestar a multiplas interpretações.

O aviso de 14 de Outubro de 1895, expedido pelo Ministerio do Interior ao da Fazenda, e por este mandado cumprir, declarou que os cargos de director da Casa da Moeda e lente de metallurgia da Escola Polytechnica, devendo ser considerados como serviços publicos comprehendidos por sua natureza

_____

(*) Commentarios á Constituição Federal Brasileira, pag. 340.

no desempenho da mesma funcção scientifica, não podiam ser tidos como accumulação de cargos differentes para a applicação do final do artigo 73.

Rigorosamente, estarão taes cargos comprehendidos por sua natureza no desempenho da mesma funcção de ordem profissional, scientifica ou technica?

De um lado, jurisconsultos eminentes, como PEDRO LESSA, sustentam a prohibição absoluta das accumulações remuneradas, e, de outro lado, jurisconsultos não menos eminentes, como RUY BARBOSA, affirmam que a prohibição não tem caracter absoluto.

No fixar, porém, os casos em que a accumulação é permittida, quasi todos estes divergem entre si.

CASTRO NUNES, apoiando-se em RUY BARBOSA, declara que a prohibição só se refere a cargos remunerados e "não comprehende nem as funcções electivas, que não são empregos nem cargos no sentido constitucional ou administrativo, nem, muito menos, a inactividade remunerada, que traduz a negação do exercicio do cargo. Invertendo os termos do preceito constitucional, RUY BARBOSA enunciou-o por esta forma: vedadas as accumulações remuneradas e observadas as condições de capacidade especial, os cargos publicos são accessiveis a todos os brasileiros... Com o subsidio do mandato electivo não ha accumulação prohibida, quer se trate de vencimentos de funcção activa, quer se figure a hypothese da inactividade remunerada". (*)

Adoptando opinião contrária, escrevemos no *Manual da Constituição Brasileira*:

"O legislador constituinte não podia prever que um funccionario invalido viesse, mais tarde, a desempenhar outro cargo publico, uma vez que declarou que a aposentadoria seria concedida em caso de invalidade absoluta e não relativa, como frequentemente se affirma.

(*) "As Constituições Estaduaes do Brasil", pags. 169 e 170.

ACCUMULAÇÕES REMUNERADAS

Seria absurdo suppôr que elle quizesse ser menos favoravel com os que mais trabalham, pois o que a Constituição prohibe não é a accumulação de funcções, mas tão sómente a accumulação de remunerações".

Referindo-se ao decreto n. 7.503, de 13 de Agosto de 1909, proclamou Ruy Barbosa, por occasião da campanha civilista:

"Não hesitarei em respeitar ou resolver a accumulação de cargos no mesmo indivíduo, quando ella, na forma das leis criminosamente revogadas, consultar o interesse da selecção das capacidades e favorecer a economia dos dinheiros do Estado". (1)

Até certa época, foi por demais vacillante a jurisprudencia do Supremo Tribunal Federal. Assim é que, emquanto no accordão n. 1.344, de 2 de Agosto de 1909, se affirma que a Constituição prohibe as accumulações remuneradas, isto é, não permitte que qualquer cidadão receba dos cofres publicos duas ou mais remunerações correspondentes a dois ou mais cargos ou funcções, qualquer que seja o nome de taes remunerações, e que tal prohibição é obrigatoria tanto para a União como para os Estados, accordãos subsequentes suffragam opinião contraria com multiplas distincções, dando assim logar, durante algum tempo, a uma jurisprudencia vacillante, incoherente e contraditoria, que muito concorreu para que o texto constitucional nunca tivesse regular applicação. (2)

---

(1) O decreto n. 7.503, cuja ementa é: "Faz effectiva a disposição constitucional que veda as accumulações remuneradas", mandou apenas que os empregados ou funccionarios que se achassem no exercicio de dois ou mais cargos federaes remunerados, de funcções de natureza igual ou different, fossem obrigados a optar pela remuneração de um só dos ditos cargos, sob pena de ser a opção feita pelo Governo, que lhes mandaria pagar apenas uma das renumerações até então accumuladas.

Ficou pois, muito aquem da actual jurisprudencia do Supremo Tribunal Federal, como adeante veremos.

(2) A accumulação renumerada, a que se refere o artigo 73 da Constituição Federal, não póde nem deve ser applicada com tamanho rigor que exclua toda e

124   A REFORMA CONSTITUCIONAL

Em 1914, em accordãos de 27 de Junho e 30 de Setembro, o Supremo Tribunal Federal volta á doutrina consagrada no accordão de 2 de Agosto de 1909, accentuando que o funccionario publico aposentado não póde, no exercicio de outro cargo em que seja investido, accumular vencimentos emquanto exercel-o, pois a Constituição veda, com perfeita clareza, a accumulação de quaesquer remunerações c que tal prohibição se applica ainda quando se trate de cargos estaduaes. Confirmando esta doutrina, declara, no accordãc n. 1.991, de 23 de Janeiro de 1915, que as leis n. 28, de 8 de Janeiro, e 44 B, de 2 de Junho de 1892, constituiram, como affirmara BARBAHO, verdadeira derogação da prohibição constitucional.

A lei n. 2.924, de 5 de Janeiro de 1915, depois deconsiderar prohibida a accumulação de renumerações, estabelece diversas excepções a esse preceito. (*)

A lei n. 3.089, de 8 de Janeiro de 1916, cria outra excepção em favor dos que exercerem funcções decorrentes de mandatos electivos.

Finalmente, o art. 204, da lei n. 3.454, de 6 de Janeiro de 1918, dispõe que, na acceitação de cargos no magisterio official, não se applicará aos lentes dos institutos de ensino superior o art. 132 da lei 3.089, de 8 de Janeiro de 1916, mas sim o disposto no artigo 2° da lei 44 B, de 2 de Junho de 1892.

O § 5° do artigo 104 da lei n. 2.924, exceptuou da prohibição os funccionarios federaes que, a despeito de exercerem

---

qualquer percepção dos dinheiros publicos por um só individuo (accs. n. 1.562, de 14 de Dezembro de 1910, e n. 2.407, de 8 de Abril de 1914). A Constituição prohibe . a accumulação de cargos remunerados, mas não de vencimentos de aposentadoria e cargo remunerado (accs. n. 1.516, de 13 de Setembro, e n. 1.153, de 14 de Outubro de 1911). O subsidio do mandato legislativo não está incluido na restricção imposta pelo artigo 73 da Constituição Federal (acc. n. 1.882, de 14 de Junho de 1912).

(*) Art. 104 e §§ 1°, 3°, 4° e 5°, art. 105 e art. 106 e paragrapho unico.

cargo ou funcção estadual ou municipal, continuassem a exercer effectivamente o cargo, funcção, posto ou emprego federal.

Isto equivaleu a dar ao texto constitucional duas interpretações differentes: uma, para os que já accumulavam e outra para os que pretendessem accumular, o que, além de illogico, não se adapta bem ao principio do artigo 72, § 2º, da Constituição "todos são eguaes perante a lei".

A despeito das citadas leis, o Supremo Tribunal Federal, consoante a sua nova orientação, continuou a condemnar quaesquer accumulações, declarando, ora que a prohibição se refere a qualquer especie de remuneração — ordenado, subsidio, etc., — quer se trate de funccionario effectivo, quer aposentado, reformado ou jubilado (accs. n. 2.265, de 2 de Dezembro de 1918, n. 1.985, de 24 de Novembro de 1919, e n. 8.641, de 21 de Junho de 1920), ora que não é licita a accumulação de cargos federaes, estaduaes ou municipaes (accs. n. 2.859, de 2 de Agosto de 1916, n. 1.323, de 7 de Agosto de 1922, n. 2.859, de 11 de Agosto de 1920, e n. 3.257, de 30 de Julho de 1921). Algumas vezes, limita-se a dizer de uma maneira geral que são vedadas quaesquer accumulações remuneradas (accs, n. 993, de 16 de Junho de 1917, n. 1.099, de 17 de Maio de 1922, e n. 3.568, de 23 de Agosto de 1922) e, outras vezes, accentua a prohibição, dizendo que o texto constitucional, pelos termos rigidos e positivos com que se expressa, não comporta distincções e que da prohibição nelle contida não se excluem as accumulações remuneradas de cargos federaes com estaduaes ou municipaes, de subsidios com vencimentos ou pensões de aposentadoria e outras (acc. n. 2.657, de 14 de Maio de 1919). (*)

No accordão n. 1.985, de 24 de Novembro de 1919, já referido, se declara o seguinte:

"O preceito do artigo 73 da Constituição Federal é de caracter geral e absoluto e veda toda e qualquer accumulação

---

(*) Vide "Revista do Supremo Tribunal".

de remunerações, seja de cargos federaes, ou de cargo federal e estadual ou municipal — revista a remuneração a modalidade que revestir; que o alludido preceito constitucional não comporta as distincções feitas pela lei n. 44 B, de 2 de Junho de 1892, e pela lei n. 2.221, de 1909, em que se fundou a sentença appellada e, portanto, inapplicaveis são taes leis".

PEDRO LESSA, ainda não bem satisfeito com os termos explicitos deste accordão, ao assignal-o, escreveu o seguinte:

"Votei sempre com a opinião concretizada neste accordão. Em materia de accumulações remuneradas a nossa lei é a Constituição Federal e não as leis secundarias promulgadas com evidente infracção do preceito constitucional e, por isso, inapplicaveis. A Constituição veda a accumulação de remunerações de qualquer especie, vencimentos, subsidio, etc., seja ou não o funccionario aposentado, reformado ou jubilado. Finalmente, está victorioso o preceito da lei fundamental".

Ante a diversidade de interpretação entre o Judiciario e o Legislativo, que deve fazer o Executivo? Applicar as leis em vigor ou deixar de applical-as por inconstitucionaes?

Os tribunaes, observa Mc. CLAIN, não têm como objectivo principal declarar a inconstitucionalidade das leis: são creados com o fim de decidir controversias legaes, mas, para fazel-o, torna-se necessario determinar qual a lei applicavel em cada caso, e, então, como corollario ao exercicio desta funcção, póde examinar se a lei invocada é valida ou se não póde ser applicavel em virtude de violação de algum preceito constitucional.

Depois de affirmar que isso não importa superioridade do Judiciario sobre o Legislativo, declara:

"A decisão é conclusiva em relação ao direito das partes e serve tambem como um precedente que terá, mais ou menos, peso para a determinação de subsequentes casos identicos. Mas, os tribunaes não pódem repellir ou annullar a lei nem ditar ao Executivo uma norma obrigatoria sobre a sua maneira de agir. Embora natural que as conclusões do Judiciario sejam recebidas com grande deferencia pelos outros poderes, não ha meio de os compellir a adoptal-as em casos identicos. O valor da decisão reside apenas na natural presumpção de que ella servirá de base para a applicação judiciaria de especies semelhantes". (1)

WILLOUGHBY, tratando do assumpto, escreve o seguinte: "A questão não admitte resposta categorica. O geral e, inquestionavelmente, melhor ponto de vista é que a decisão, final em relação ao caso particular, não é necessariamente final como interpretação constitucional. Se bem que, para o fim de uniformidade e precisão, fosse melhor que tal finalidade constituisse um principio constitucional, como o tribunal é sempre fallivel, seria perigoso concluir que, pela decisão de um simples caso, um principio constitucional de grande importancia ficaria estabelecido para sempre".

JAMES MADISON, em uma carta escripta em 1834, accentuou que, sem deixar de ter em vista as relações coordenadas dos tres departamentos, se deve sempre esperar que o Judiciario, quando bem constituido, seja o que logre maior respeito e confiança do publico como o mais seguro interprete da Constituição nas questões de sua alçada, quer relativas aos limites entre os tres poderes, quer entre a União e os Estados. (2)

A circular do Ministerio da Fazenda n. 48, de 18 de Novembro de 1919, mandou que fossem observadas as disposições legaes, como se vê do seguinte:

"Declaro aos srs. Chefes das repartições subordinadas a este Ministerio, para seu conhecimento e fins convenientes, que, em face do disposto nos artigos 104 e 106 da lei n. 2.924,

---

(1) "Constitutional Law in the United States", pags. 18 a 25.

(2) **WILLOUGHBY**: "The Suprme Court of the United States", pag. 77.

Nos Estados Unidos, a Suprema Côrte raramente tem variado de interpretação em materia constitucional, e dahi o acatamento de suas decisões por parte dos outros poderes. Aqui, a instabilidade de jurisprudencia tem enfraquecido neste ponto o prestigio do Supremo Tribunal Federal. **HERMAN JAMES** assignala esse facto como uma differença de fundamental importancia entre o regimen americano e o nosso, porque isso, observa elle, tem o duplo inconveniente de tornar a lei incerta e impedir a vantagem da interpretação judicial como meio de evitar em grande parte a relativa difficuldade de emendar a Constituição. ("The Constitutional System of Brazil" pag 108).

de 5 de Janeiro de 1916, os funccionarios civis ou militares não poderão exercer cargos, empregos ou funcções publicas, electivas ou não, federaes, estaduaes ou municipaes, accumulando remunerações de qualquer especie, excepto nos casos previstos nos §§ 3°, 4° e 5° do art. 104, na segunda parte do art. 106 e no paragrapho unico deste mesmo artigo da referida lei n. 2.924.

Outrosim, declaro aos mesmos srs. Chefes, que, quanto aos empregados jubilados, aposentados ou reformados, não póde ter logar a accumulação dos vencimentos de inactividade com os de um cargo activo; mas, sim, a daquelles vencimentos com o subsidio de cargo electivo, visto como o art. 105, da lei n. 2.924, citada, que a prohibia, foi revogado pelo artigo 132 da lei n. 3.089, de 1916, precisamente com o intuito de se permittir tal accumulação, conforme ficou expresso nos trabalhos de preparação desta ultima lei".

Anteriormente, porém, o aviso do Ministerio da Justiça e Negocios Interiores de 30 de Agosto de 1919 invocara como fundamento de sua decisão tão sómente a jurisprudencia do Supremo Tribunal Federal, sem fazer qualquer referencia ás excepções estabelecidas pelas mencionadas leis.

Eis o teor deste aviso:

"Em solução á consulta constante do vosso officio n. 39, de 14 deste mez, declaro-vos que, nos termos peremptorios do art. 73 da Constituição, de accôrdo com a interpretação do Supremo Tribunal Federal, em accordão de 14 de Maio ultimo, são expressamente prohibidas as accumulações remuneradsa de quaesquer funcções, comprehendidas as dos cargos federaes, estaduaes e municipaes, vitalicios ou temporarios, prejudicadas, assim, as excepções indicadas no art. 2° da lei n. 44 B, de 2 de Junho de 1892, visto que aquelle egregio Tribunal, conforme o citado accordão, firmando jurisprudencia pacifica, restabeleceu a sã doutrina e declarou que "redigido de modo tão claro e terminante, o art. 73 da Constituição não comporta as distincções com que o Legislativo ordinario e o Poder Executivo tentaram modificar a rigidez da prohibição, della excluindo as accumulações remuneradas de cargo federal com estadual, ou municipal, de subsidios com vencimentos ou pensões de aposentadoria e outras".

Como se vê, a vacillação não póde ser maior.

E' que o preceito é por demais rigoroso para que possa ser fielmente executado.

O proprio Executivo tem sido obrigado a tolerar ainda outros casos além dos que foram exceptuados pelo Legislativo.

E' erro suppor que seja sempre possivel estabelecer normas de caracter geral.

De certo, a prohibição é um principio salutar, mas a excepção não póde deixar de existir.

Paiz novo, com limitado numero de technicos, torna-se preciso, não raro, occupar a actividade de um especialista em dois ou mais misteres. Além disso, como as funcções publicas são, em geral, mal retribuidas e difficilmente deixarão de o ser, dado o grande numero de serventuarios, nem sempre é facil obter a collaboração de profissional competente sem que se lhe permitta accumular os vencimentos de mais de um cargo.

A disposição constitucional será letra morta, emquanto não foi modificada consoante as nossas necessidades. E, se assim é, por que não se autorizar expressamente o legislador a estabelecer as excepções convenientes ao interesse publico, acabando-se de vez com essa controversia e com as injustiças decorrentes da diversidade de entendimento de um mesmo texto constitucional? (*)

(*) O Supremo Tribunal Federal declara que o preceito constitucional é obrigatorio tambem para os Estados. As Constituições do Amazonas, Rio Grande do Norte, Sergipe, Alagôas e Rio de Janeiro prohibem a accumulação de cargos remunerados. As do Pará, Maranhão, Bahia, São Paulo, Rio Grande do Sul, Santa Catharina e Goyaz nada dispõem a respeito. Em outras se estatue que o aposentado, que aceite cargo ou commissão remunerada, perde as vantagens da aposentadoria (Ceará, Rio Grande do Norte, Parahyba e Minas Geraes). Fazem excepção para cargos ou commissões de caracter scientifico ou technico, no sentido de permittirem a accumulação de duas ou mais funcções, as constituições da Parahyba e do Espirito Santo. (Vide **CASTRO NUNES**: Ob. cit. pag. 170).

A 9

X X I

EFFEITOS DO ESTADO DE SITIO

Declara a Constituição Federal que durante o estado de sitio ficam suspensas as garantias constitucionaes.

Mas como se deve entender a suspensão dessas garantias?

Com a decretação do estado de sitio ficam, *ipso facto*, suspensas todas as garantias constitucionaes?

No Brasil, assim como na Argentina, tem sido attribuida grande latitude aos effeitos do estado de sitio.

Referindo-se á Constituição Argentina, opina JOAQUIN GONZÁLEZ que pela expressão *garantias constitucionaes* devem ser entendidos todos os direitos civis e politicos dos habitantes, tanto os que dizem respeito á sua propria pessoa como os que têm relação com as cousas que lhes pertencem. Declarado, porém, o estado de sitio, os habitantes do territorio não ficam, por esse facto, despojados de suas garantias constitucionaes. Apenas estas deixam de ser inviolaveis, mas só devem ser suspensas, á medida que fôr necessario para repellir o ataque externo ou suffocar a commoção intestina. (*)

"Segundo a nossa Constituição", escreve GONZÁLEZ CALDÉRON, "o estado de sitio é, como o artigo 23 o declara com exactidão e precisão evidentes, a suppressão temporaria de todas

---

(*) "Manual de la Constitución Argentina", pag. 256.

as garantias individuaes, subsistindo, porém, integralmente o funccionamento dos tres poderes publicos creados pela Constituição no livre exercicio de suas attribuições e deveres e, bem assim, dos que emergem da autonomia das provincias... O artigo 23 refere-se concretamente a *garantias constitucionaes*, todas, sem exceptuar nenhuma: as que amparam as liberdades e direitos relativos ás pessoas de modo immediato e as que protegem os direitos destas em relação ao trabalho e aos bens. Todas as garantias da liberdade civil ficam suspensas em virtude do estado de sitio: a inviolabilidade de domicilio, de correspondencia, de propriedade, o *habeas-corpus*, os direitos de petição, reunião e associação, a liberdade de imprensa, a de commercio e navegação, a de locomoção, etc., porque nada ha dito o artigo 23 que possa servir de fundamento para excluir de um alcance tão vasto, como o que decorre de seus proprios termos, algumas das garantias individuaes. O artigo 23 limita expressamente os poderes do presidente da Republica, mas não restringe a amplitude destas palavras: *suspensão das garantias constitucionaes*. (*)

Contra tão extraordinaria amplitude, manifestou-se Ruy Barbosa, no programma do partido republicano liberal, propondo:

a) firmar em texto explicito que, quando a Constituição, no art. 80, § 1°, autoriza o Poder Executivo, na ausencia do Congresso, a declarar o estado de sitio, "correndo a patria imminente perigo", os casos que essa disposição prevê são os "de aggressão estrangeira, ou grave commoção intestina", a que o art. 48, n. 15, da mesma Constituição restringe essa faculdade, quando enumera as attribuições do Poder Executivo, e a que o art. 34, n. 21, a circumscreve, quando a commette ao Poder Legislativo; pois seria absurdo que a este, em relação a medidas taes, attribuisse latitude menor do que áquelle;

(*) "Derecho Constitucional Argentino", tomo II, pag. 254.

132 A REFORMA CONSTITUCIONAL

b) tornar explicito (o que, na mesma Constituição, implicitamente já se acha) que o estado de sitio e a lei marcial são instituições absolutamente distinctas, a primeira das quaes suspende tão sómente certas e determinadas garantias constitucionaes, ao passo que a outra, suppondo um estado real de guerra, estranha ou intestina, substitue a lei civil pela militar;

c) accrescentar que o primeiro só suspende as garantias constitucionaes, seja elle decretado pelo Governo ou pelo Congresso, quanto aos dous pontos definidos no art. 80, § 2°, da Constituição.

Mais tarde, em discurso pronunciado no Senado, Ruy Barbosa declarou que o estado de sitio no Brasil é pura e simplesmente a suspensão das garantias definidas no artigo 80 da Constituição. (1)

Denegando ao estado de sitio o effeito de suspender o direito de propriedade, escrevemos no *Manual da Constituição Brasileira*:

"Assim como succede na Argentina, é aqui doutrina preponderante que o estado de sitio suspende a garantia do direito de propriedade, permittindo que o Governo se approprie desta sem indemnização prévia, segundo está expresso no Codigo Civil. (2)

Ora, se o estado de sitio suspende a garantia do direito de propriedade, não ha negar que essa instituição tem, entre nós, effeitos que lhe desconhecem outros pàizes que a adoptaram.

Assim é que, na Hespanha, a Constituição só permitte a suspensão das garantias constitucionaes attinentes á inviolabilidade de domicilio, ao direito de locomoção e ao direito de reunião e associação.

---

(1) "Diario do Congresso Nacional" de 10 de Novembro de 1917.

(2) Em caso de perigo imminente, ccmo guerra, ou commoção intestina, (Const. Fed. art. 80) poderão as autoridades competentes usar da propriedade particular até onde o bem publico o exija, garantido ao proprietario o direito á indemnização posterior. (Art. 591).

Em França, nada se encontra que autorize a suppôr que o Estado possa despojar o particular de sua propriedade. Nesse paiz, as medidas resultantes do estado de sitio, afóra o julgamento pelos tribunaes militares, não vão além do seguinte:

a) investigação, de dia e de noite, no domicilio dos habitantes;

b) afastamento dos que já soffreram uma pena afflictiva ou infamante (*repris de justice*) e dos não domiciliados;

c) tomada de armas e munições;

d) prohibição das publicações e reuniões que forem julgadas em condições de excitar ou manter a desordem. (1)

Dado o espirito francamente liberal de nossa Constituição, não é crivel que neste ponto tivessemos querido ficar aquem daquelles paizes, tanto mais que a Constituição do Imperio só autorizava a suspensão de *algumas das formalidades que garantiam a liberdade individual* (art. 179, n. 35).

O facto da Constituição Federal se referir á suspensão de garantias constitucionaes, sem delimitação alguma, não constitue motivo para semelhante interpretação, visto ser hoje principio assente que o estado de sitio não suspende as immunidades parlamentares.

Não colhe igualmente o argumento de que a liberdade é cousa mais inestimavel do que a propriedade, pois esta constitue o principal objecto da sociedade. (2)

Além disso, com a extincção do estado de sitio, ao passo que cessam os seus effeitos quanto á liberdade, o mesmo não acontece em relação á propriedade, visto como a indemnização póde ser retardada por não pequeno lapso de tempo, desde que a parte não se conforme com o *quantum* offerecido pelo Governo e tenha de aguardar a decisão judiciaria.

---

(1) BARTHELEMY: "Droit Administratif", pag. 408.

(2) According to Governeur Morris, "life and liberty were generally said to be of more value than property. An accurate view of the matter would, nevertheless, prove that property was the main object of society" (HAINES: "The American Doctrine of Judicial Supremacy", pag. 191).

Com a facilidade que ha de se decretar o estado de sitio, é não só perigoso como injustificado attribuir-lhe semelhante effeito sem nenhuma restricção, porquanto o proprio direito de requisição em tempo de guerra não é illimitado. (1)

A suspensão do direito de propriedade sem indemnização prévia só póde ser tolerada em estado de guerra, o qual não admitte confusão com o estado de sitio". (2)

Não seria o caso de estabelecer precisamente quaes as garantias constitucionaes que ficam suspensas com a decretação do estado de sitio?

---

(1) Le droit de réquisitionner n'est d'ailleurs pas illimité. Pour loger les troupes, on n'a pas le droit de déloger les habitants. BARTHELEMY: Ob. cit. pag. 399).

(2) De accôrdo com esta doutrina manifestou-se VIVEIROS DE CASTRO em longo voto lido em sessão do Supremo Tribunal Federal de 17 de Dezembro de 1919.

Tal opinião é tambem apoiada por HERMAN JAMES, como se vê do seguinte:

"If all the constitutional guaranties may be suspended, as Barbalho admits, this means that not only the guaranties of individual liberty, freedom of locomotion, freedom of speech and of the press, right of assembly and association, religious liberty, etc., may be suspended, but also the individual guaranties of property, or the inviolability of the domicile, of correspondence, and of occupation. This view is sustained in the provision of the civil code which authorizes the authorities, in time of war or internal commotion, to make use of private property when required for the public good, the owner being guaranteed the right of subsequent indemnification. But it is obvious that if the state of siege has the effect of suspending the constitutional guaranty of prior indemnity, it would the more clearly have the effect of suspending the guaranty of subsequent indemnity stipulated by the civil code so long as the state of siege continued. Against this broad interpretation of the effect of the state of siege, more extensive than is recognized in Spain, where the constitution limits its effects to the inviolability of the domicile, of locomotion, of speech and of the press, and of assembly and association, Araujo Castro protests on various grounds. In fact, this gives the government a power which is not recognized in France and other countries in which the state of siege is sanctioned, and which is difficult to reconcile with the fundamental proposition that the effects of the state of siege terminate with its cessation. ("The Constitutional System of Brasil", pag. 168).

XXII

HABEAS-CORPUS

A jurisprudencia do Supremo Tribunal Federal tem dilatado extraordinariamente o conceito do *habeas-corpus*. Dahi, o elevado numero de casos de *habeas-corpus* submettidos á sua deliberação.

O estrangeiro que examinar uma estatistica dos julgados do Supremo Tribunal Federal, sem ser advertido da latitude que temos dado ao *habeas-corpus*, ficará seriamente impressionado, suppondo que o Brasil é o paiz em que mais violencias se praticam! (*)

Em se tratando de casos politicos, a situação chegou a tal ponto que, póde-se affirmar, não ha uma só hypothese em que os interessados não vão logo bater ás portas do Supremo Tribunal Federal.

HERMAN JAMES, que aqui esteve, durante cerca de um anno, estudando as nossas instituições, não poude reprimir a sua surpresa ante a amplitude que temos dado ao instituto do *habeas-corpus*.

Mais curioso, porém, se não mais importante, escreve elle, é o uso que se faz no Brasil da ordem do *habeas-corpus* para a protecção dos direitos politicos e é a este respeito que o

---

(*) Dos 2.297 processos julgados, em 1923, pelo Supremo Tribunal Federal, 1.109 foram de "habeas-corpus".

habeas-corpus no Brasil diverge profundamente dessa intituição no paiz de sua origem — a Inglaterra, no paiz de sua applicação constitucional — os Estados Unidos, e nos paizes que, como a Argentina, têm, m geral, modelado o seu systema de governo pelo nosso.

Tratando da expressão "certo, liquido e incontestavel", declara o seguinte:

"Mas, toda a controversia gira em torno da significação dessas palavras, e nos casos em que a ordem de *habeas-corpus* é invocada para a manutenção de um funccionario no seu cargo, quer haja sido concedida ou denegada — e tem havido um grande numero de decisões de ambas as especies — a discussão desses termos e de sua applicação ao caso em questão occupa a maior parte das razões expendidas.

Em qusi todos esses casos, o Supremo Tribunal tem sido dividido. Quando os seus membros estão em duvida sobre o direito reclamado pelo impetrante, é difficil perceber como a maioria pode basear a expedição da ordem no fundamento, sempre assegurado, de que o direito do paciente é "certo, liquido e incontestavel".

A verdade é que, praticamente, todos esses casos de *habeas-corpus* no Brasil para assegurar a investidura de cargos electivos, sob pretexto de assegurar simplesmente a liberdade de locomoçao, ou se trate de conselheiro municipal, deputado estadual, presidente de Estado ou mesmo de vice-presidente da Republica, referem-se a direito, se bem que talvez capaz de prova, não é "certo, liquido e incontestavel", e a expedição da ordem em taes hypotheses inevitavelmente lança o Supremo Tribunal no sorvedouro da politica pessoal ou facciosa, com o deploravel resultado, já observado no caso dos conselheiros municipaes do Districto Federal, de que o Executivo está sempre inclinado a desacatar essas decisões.

Dois dos mais recentes exemplos servirão para mostrar não sómente a vacillante natureza das decisões do Supremo Tribunal em taes assumptos, mas tambem os males que pódem resultar do exercicio desta jurisdicção"...

Depois de historiar o recente caso do Estado do Rio, o eminente professor da Universidade de Texas conclue do seguinte modo:

"Sem entrar nos meritos desta controversia, ha ahi um evidente exemplo do facto de que o Tribunal está em perigoso terreno quando exerce jurisdicção em taes casos, o que só póde contribuir para lançal-o no vortice da controversia politica, diminuindo o seu prestigio de orgão não politico e sujeitando-se a ser vencido quando em opposição ao poder politico, inquestionavelmente superior, do Executivo". (1)

E' bem de vêr que, se occorre a hypothese de um deputado ou senador ser ameaçado de exercer livremente o seu mandato, nada mais natural do que a concessão do *habeas-corpus*, porquanto ahi não se faz senão garantir a liberdade pessoal para que o individuo possa, sem constrangimento, desempenhar uma funcção na qual já se acha legalmente investido.

Mas, se o mandato é cassado, bem ou mal, pela camara de que elle faz parte, ou quando as assembléas se dividem em grupos, pleiteando cada qual a sua legitimidade, é incontestavel que o Poder Judiciario exorbita concedendo o *habeas-corpus*, pois isso importa dirimir questões que escapam á sua competencia.

Na Inglaterra e nos Estados Unidos, só se concede *habeas-corpus* para garantir a liberdade pessoal, isto é, a liberdade de locomoção.

A unica differença que existe entre o *habeas-corpus* inglez e o americano é a que resulta do organismo judiciario dos dois paizes: nos Estados Unidos, o Poder Judiciario, ao decidir um caso de *habeas-corpus*, póde investigar a questão da constitucionalidade da lei invocada, ao passo que, na Inglaterra, não. (2)

---

(1) "The Constitutional System of Brasil", pags. 135 a 139.

(2) Em alguns accordãos, o Supremo Tribunal Federal affirma que o "habeas-corpus" não é meio idoneo para se declarar a inconstitucionalidade de uma

138 A REFORMA CONSTITUCIONAL

A validade da nomeação ou eleição de um funccionario, diz COOLEY, não póde ser apurada por meio de *habeas-corpus*. (1)

Reportando-se ás opiniões dos constitucionlistas americanos, VALLARTA combate o emprego do *amparo* para dirimir questões politicas, ainda que seja invocada a garantia da liberdade individual. (2)

Para legitimar a extensão que temos dado ao *habeas-corpus* seria mister sustentar — como já se ha, aliás, sustentado — que o *habeas-corpus* em, nosso paiz apresenta caracteristico differente, que lhe imprime feição especial, *sui generis,* desconhecida pelas demais nações que adoptaram esse instituto. Mas, PEDRO LESSA mostra a falta de fundamento de semelhante doutrina, declarando que "nenhum erro mais evidente se póde conceber no direito brasileiro do que o consistente em resolver por meio de *habeas-corpus* as questões suscitadas sobre a investidura de um cidadão em cargo administrativo, politico ou judiciario" (3)

Actualmente, ha uma accentuada tendencia, no seio do Supremo Tribunal Federal, para considerar fóra de sua jurisdicção os casos politicos. O recente julgado sobre o caso da Bahia revela uma firme orientação nesse sentido.

Fundamentando o seu voto no accordão n. 5.514, de 24 de Dezembro de 1919, que concedeu a ordem impetrada, afim de que prevalecessem os diplomas expedidos pela junta apura-

---

lei. Não nos parece acceitavel semelhante doutrina. Em todos os casos submettidos ao seu julgamento, o Supremo Tribunal Federal póde usar dessa faculdade. O que se torna necessario, porém, é que, em qualquer hypothese, a inconstitucionalidade seja evidente.

(1) "On Constitution limitation", pag. 480.

(2) No Mexico, o "amparo" tem maior latitude que o "habeas-corpus": não se limita a garantir a liberdade pessoal, mas todos os direitos naturaes do homem assegurados pela Constituição contra as leis ou actos de qualquer autoridade que os infrinja (VALLARTA: "Juicio de Amparo", pag. 127).

(3) "Do Poder Judiciario", pag. 393.

dora de Victoria (Estado de Pernambuco) para prefeito, subprefeito e conselheiros municipaes daquelle municipio, o ministro EDMUNDO LINS declarou que o *habeas-corpus,* de accôrdo com a doutrina e a pratica das nações que o adoptaram, só garante a liberdade individual no sentido restricto da liberdade de locomoção; que assim sempre foi entendido no Imperio e, portanto, adoptando-o e não lhe tendo dado feição differente, a Constituição o manteve como dantes; que a unica differença consistia em que, antes, o *habeas-corpus* era conferido por uma lei ordinaria, ao passo que, de accôrdo com a Constituição Federal, que o consagrou, só o poder constituinte poderá supprimil-o; que nos Estados Unidos não é differente o conceito do *habeas-corpus,* tanto que para a protecção de outros direitos se admittem outros remedios juridicos, como o *writ of mandamus* e o *quo warrant;* que mudava de voto, acompanhando, d'ora em deante, a jurisprudencia do Tribunal, que admitte o *habeas-corpus* para proteger o exercicio de qualquer outro direito ou funcção publica, sempre que não houvesse, para a sua protecção, outro remedio juridico e desde que a situação juridica do paciente fosse certa, liquida e incontestavel; que a razão por que assim procedia era que, não podendo haver lesão de um direito individual sem a consequente reparação pelo poder judiciario, essa interpretação lata tem sido a garantia unica dos opprimidos, não devendo portanto, ser supprimida emquanto o legislativo não adoptar, entre nós, outros remedios juridicos mais adequados.

Não ha duvida de que a creação de acções rapidas e seguras, como suggere a mensagem de 3 de Maio ultimo, virá, em grande parte, obviar o inconveniente apontado pelo ministro LINS, mas, no tocante á investidura de cargos electivos, é bem de vêr que taes acções não poderão ter applicação, pois, nessa hypothese, o assumpto, pelo seu caracter politico, escapa por completo á competencia do Poder Judiciario. (*)

(*) Nos Estados Unidos, os tribunaes têm o poder de expedir certas ordens ou mandados (writs) que restringem profundamente os direitos dos cidadãos. Além

140 A REFORMA CONSTITUCIONAL

do "habeas-corpus", os mais importantes são o "writ of mandamus" e o "writ of injunction".

O "writ of mandamus", que é usado contra funccionarios publicos, particulares e corporações, tem por fic forçal-os a executar qualquer obrigação legal. O "writ of mandamus" é principalmente adoptado contra funccionarios do executivo, afim de os compellir á observancia de um dever. Quando, porém, o dever é puramente discrecionario, isto é, quando essa execução depende do funccionario ou de sua propria interpretação, o "writ" não tem cabimento. Em geral, aquelle que requer a expedição do "writ of mandamus", para obrigar um funccionario publico a executar determinado acto, deve provar que não ha outro remedio legal e que se trata de um direito liquido. Um excellente exemplo de "writ of mandamus" existe no caso em que a Suprema Côrte expediu mandado contra o Postmaster-general Kindall para cumprir um acto do Congresso, obrigando-o a pagar certas sommas devidas a conductores de malas postaes.

O "writ of injunction" póde ser adoptado para muitos fins: em alguns casos, para mandar que uma pessoa ou corporação se abstenha de praticar certos actos; em outros casos, para ordenar a continuação do preenchimento dos deveres contrahidos. Algumas vezes, o "writ of injunction" toma feição de ordem temporaria, vedando uma parte de alterar a condição existente até que o merito da causa seja decidido. Outras vezes, assume o aspecto de ordem permanente, impedindo a parte de executar um acto, cujo resultado não póde ser remediado por qualquer processo legal. O "writ of injunction" tem sido frequentemente usado nos casos de divergencia entre patrões e operarios (BEARD: "American Government and Politics", pags. 303 e 304).

XXIII

CONDECORAÇÕES

Declara o artigo 72, § 29, da Constituição que perderão todos os direitos politicos os cidadãos brasileiros que acceitarem condecorações ou titulos nobiliarchicos estrangeiros.

Segundo o projecto do Governo Provisorio, as condecorações ou titulos estrangeiros poderiam ser acceitos, mas mediante licença do Governo. Na ausencia dessa licença, o agraciado incorreria na perda dos direitos politicos.

O Congresso Constituinte julgou, porém, conveniente tornar absoluta a prohibição.

Discute-se sobre se a acceitação de quaesquer condecorações acarreta a perda dos direitos politicos ou se esta pena é comminada sómente áquelles que acceitam condecorações nobiliarias. N'aquelle sentido, manifestou-se o Instituto dos Advogados em 1894, e neste, RUY BARBOSA, que assim explanou a sua opinião:

"A ser verdade a intelligencia corrente do art. 72, § 29, a Constituição teria sido mais rigorosa com os titulos do que com as *condecorações*.

Das condecorações estrangeiras, todas seriam defesas. Mas, dos titulos estrangeiros, só *os nobiliarchicos* seriam vedados.

Ora, para uma tal distincção não se descobriria escusa possivel.

Não se atina porque teria sido que a redacção da Constituinte alterou para *nobiliarchicos a palavra* que, no texto da emenda, era *nobiliarios*. Nobiilario que estava certo. "Titulo nobiliario", a saber: titulo de nobreza. *Nobiliarchico* não fina com o caso, porque nobiliarchia não é *nobreza*, mas *genealogia dos nobres* ou tratado e sciencia dessa genealogia.

Mas, não ha remedio aqui senão tomarmos o que se disse pelo que manifestamente se quiz dizer, acceitando a expressão "titulos *nobiliarchicos*" por equivalente a de titulos *nobiliarios*, isto é, titulos de nobreza.

Ambos os projectos do Governo Provisorio (decreto de 22 de Junho e 23 de Outubro de 1890) diziam, simplesmente, "titulos estrangeiros", sem outro qualificativo. Foi a Constituinte que, pluralizando, emendou "titulos *nobiliarchicos* estrangeiros", como se vê no texto em vigor, restringindo assim a clausula prohibitiva aos titulos estrangeiros, *que forem nobiliarchicos*, isto é, *nobiliarios* ou *de nobreza*.

Ora, um titulo é, de ordinario, mais do que uma venera, um habito, uma fita ou medalha. Estes ornam o peito. Aquelle adhere ao nome. Os titulos envolvem, as mais das vezes, dignidades, considerações e predicamentos, sociaes ou officiaes, que as simples condecorações não acarretam. Com um titulo, pois, se fala mais certamente á vaidade, ao interesse, á corruptibilidade humana do que com uma commenda.

Mas, ainda admittindo que o titulo não seja tentação maior do que a condecoração, certamente não se dirá que as condecorações exerçam maior seducção do que os titulos.

Logo, não seria concebivel que, vedando *sómente* os titulos estrangeiros de uma categoria, os titulos de *nobreza*, (tambem os ha de sciencia, de bravura, de humanidade e outros, os quaes não se acham alli vedados), a Constituição Brasileira adoptasse, quanto ás condecorações, criterio opposto, vedando todas, ainda quando não importem nobreza, ainda quando assignalem apenas o merecimento, o saber, o valor militar, os serviços, as virtudes, sem levar comsigo privilegio ou fidalguia de especie alguma.

Tão crassa inconsequencia não seria admissivel dentro em um artigo, dentro em uma clausula, dentro em uma proposição só de qualquer lei, quanto mais de leis fundamentaes, de uma lei constitucional.

CONDECORAÇÕES 143

Portanto, se, havendo *titulos* de nobreza e *titulos* não de nobreza, a Constituição Brasileira só não quer que se acceitem do estrangeiro os de nobreza; da mesma sorte, havendo *condecorações* de nobreza e *condecorações* não de nobreza, só as de nobreza, e não as outras, poderão incorrer na exclusiva constitucional.

Para admittirmos outra cousa, era mister suppormos nos autores da Constituição Brasileira um estado cerebral de tamanho esquecimento que ao passarem, no escrever, de uma a outra palavra, successivas, ao graphar da segunda já lhes não lembrasse a contiguamente anterior. Não é, com effeito, outra cousa o que teriamos, se nos cinco vocabulos que se succedem conjunctados uns aos outros no paragrapho 29 do art. 72 — "condecorações ou titulos nobiliarchicos estrangeiros" — estivessem contrapostas duas situações constitucionaes diversas, uma para os *titulos* inacceitaveis unicamente quando nobiliarchicos, outra para *as condecorações* sempre inacceitaveis, quer tenham caracter nobiliario, quer o não tenham.

A tal absurdo não resvalou a nossa Constituição. O adjectivo *nobiliarchico* desse texto ha de referir-se, pois, conjunctamente, aos dous substantivos anteriores: *titulos* e *condecorações*". (*)

Em artigo publicado no *Jornal do Commercio*, de 4 de Março de 1891, MIGUEL LEMOS encarou a questão sob outro aspecto, estabelecendo distincção entre os particulares e os representantes dos poderes publicos.

Para estes, declarou elle, "todas as conveniencias estão indicando que se devem abster de usar as condecorações e titulos honorificos extinctos, pois que a elles incumbe especialmente a obrigação de demonstrar pela sua conducta que sabem comprehender e praticar os principios republicanos. E' assim que, sobre ser ridiculo e pueril, parece-nos um grave erro politico o apêgo, por vaidade ou capricho, que elevados funccionarios

---

(1) Vide "Diario do Congresso Nacional", de 28 de Outubro de 1919.

da Republica estão patenteando por essas lantejoulas. Que confiança poderá merecer hoje um ministro que se mostra incapaz de fazer tão pequeno sacrificio de sua vaidade, ou mesmo de sua opinião, recusando-se a reconhecer quanto concorreria para desarmar o espirito opposicionista e a desconfiança sincera dos patriotas o abandono espontaneo e coherente dessas antigalhas incompativeis com o genio e a pratica das novas instituições, a que esse ministro pretende servir? Semelhante teimosia contrasta com a nobre conducta do Presidente da Republica (o marechal Deodoro da Fonseca), que, no dia de sua posse, vencendo a custo, talvez, seus proprios preconceitos, soube dar ao preceito constitucional seu verdadeiro sentido, apresentando-se no Congresso Nacional sem nenhuma condecoração. *Para nós, portanto, a questão, de que se trata não é tão facil como a muitos parece; ella implica principios e praticas essenciaes do regimen republicano; ella entende com conveniencias politicas de alta importancia*, sobretudo no momento presente, e deve ser resolvida attendendo-se, de um lado, ás condições de liberdade individual e, por outro lado, aos deveres e á natureza das funcções publicas. Em resumo: nas relações privadas, completa liberdade; nas relações officiaes e juridicas, completo respeito ao preceito constitucional"

Não nos parece acceitavel a interpretação de Miguel Lemos, pois os direitos politicos não se resumem apenas no exercicio das funcções publicas e a perda desses direitos é a sancção que a Constituição estabelece para o uso das condecorações.

Tendo o artigo 72, § 2°, declarado extinctas as ordens honorificas existentes e todas as suas prerogativas e regalias, bem como os titulos nobiliarchicos e de Conselho, parece que o intuito do legislador constituinte foi impedir a acceitação de quaesquer condecorações.

Nada justifica, aliás, o seu exaggerado radicalismo.

Mas, como quer que seja, a controversia subsiste.

Quando nada se articula contra as condecorações, aquelles que as possuem exhibem-nas orgulhosos nas recepções officiaes e nos salões de nossa sociedade. Em se dizendo, porém, que elles incidiram na sancção do texto constitucional, a situação muda completamente: uns declaram que as receberam mas não acceitaram; outros, que as suas não são nobiliarias, não têm valor, são dadas a toda gente, amesquinhando, por um lado os seus meritos e collocando, por outro lado, em má posição os governos que lh'as conferiram.

Quanto aos titulos nobiliarios, sim, o legislador constituinte fez muito bem em prohibil-os. Mas, no tocante ás condecorações, que têm ellas de incompativel com o regimen democratico? Não constituem, ao contrario, um estimulo á pratica de actos nobres e sentimentos elevados?

Não seria sensato eliminar do citado artigo 72, § 2°, a palavra *condecorações* ou, pelo menos, tornar a acceitação dependente de assentimento do governo, como acontece nos Estados Unidos e como dispunha o projecto do Governo Provisorio?

XXIV

VOTO OBRIGATORIO E SECRETO.

VOTO FEMININO

Em toda parte existe hoje accentuada tendencia para a adopção de voto obrigatorio e secreto.

Quem quer que se abstenha de votar, affirma Duguit, faltará ao primeiro dever que lhe impõe a situação social e politica do paiz em que vive. (1)

Não é possivel, observa González Calderón, conceituar o suffragio unicamente como um direito politico, porque o exercicio de um direito é facultativo e, portanto, os que o tivessem não poderiam ser compellidos a exercel-o. O suffragio constitue um dever, não um simples dever moral, mas um dever juridico. O exercicio do suffragio é um direito apenas no sentido de que o votante tem a faculdade de escolher o candidato de seu agrado, não podendo ninguem compellil-o a votar em tal ou qual pessôa nem impedil-o de concorrer ao comício... O suffragio é, pois, uma funcção publica. (2)

Para as democracias de agora, declara Ruy Barbosa, o direito de voto não é só um direito: é um dever imposto até debaixo de sancções penaes. (3)

---

(1) "L'Etat", vol. pag. 128.
(2) "Derecho Constitucional Argentino", tomo III, mag. 290.
(3) Conferencia lida em Alagoinhas, na Bahia.

VOTO OBRIGATORIO E SECRETO. VOTO FEMININO   147

Para conquistarmos a moralização eleitoral, aconselha o glorioso brasileiro, "cumpre tornar obrigatorio, indevassavel o sigillo do voto, adoptando com as modificações por que tem passado, o systema australiano. Neste assumpto, a experiencia é universal, e universal o consenso. O escrutinio secreto reina hoje em toda a parte: na Australia, nos Estados Unidos, na Inglaterra, na Suecia, na Noruega, na Dinamarca, no Imperio Allemão, na Baviera, no Grão Ducado de Baden, na Austria, na Hollanda, na Belgica, na França, na Hespanha, em Portugal, na Italia, na Servia, na Rumania, na Grecia, no Canadá, no Chile. Restos do voto publico só se encontram agora na Prussia, na Hungria, em alguns Cantões da Suissa e em alguns Estados da Allemanha". (1)

Tanto o voto obrigatorio com o voto secreto pódem, sem duvida, ser estabelecidos pelo Congresso Nacional, mas sómente par as eleições federaes.

Não seria o caso de estabelecer na Constituição a obrigatoriedade de voto secreto para as eleições federaes, estaduaes e municipaes?

BARBALHO e MILTON negam ás mulheres o direito de voto. Ambos baseiam-se na rejeição das diversas emendas que na Constituinte lhes conferiam tal direito. (2)

E' essa tambem a opinião de CARLOS MAXIMILIANO:

"Varias tentativas houve, na Constituinte, para conferir ao sexo gentil a prerogativa do suffragio: fracassaram todas. Oradores acharam a idéa desastrada, fatal e anarchica. Portanto, a assembléa de 1891 recusou conceder ás mulheres, casadas, solteiras ou viuvas, o direito de voto". (3)

_____

(1) "Plataforma lida no Polytheama Bahiano a 15 de Janeiro de 1910". A Argentina instituiu em 1912 o voto obrigatorio e secreto. A Constituição Uruguaya de 15 de Outubro de 1917 estabelece, entre as bases do suffragio, a inscripção obrigatoria no registo civico e o voto secreto. A Constituição Allemã de 9 de Agosto de 1919 adopta tambem o voto secreto.

(2) "Commentarios á Constituição Federal Brasileira", pag. 291 — "A Constituição do Brasil", pags. 259 a 263.

(3) "Commentarios á Constituição Brasileira", pag. 680.

148 A REFORMA CONSTITUCIONAL

Entendemos, porém, que a Constituição Federal não impede que ás mulheres seja conferido o direito de voto. Ellas estão incluidas entre os cidadãos brasileiros e o artigo 70 da Constituição declara que são eleitores os cidadãos maiores de 21 annos que se alistarem na forma da lei.

Não é possivel invocar o elemento historico contra a clareza insophismavel do texto constitucional. (1)

E' singular, aliás, que se reconheça ás mulheres o direito ao provimento dos cargos publicos, quando é certo que tal direito está subordinado ao preenchimento das condições de capacidade especial que a lei estatuir (2), ao passo que, quanto

---

(1) o direito de suffragio ás mulheres foi defendido no Congresso Juridico Commemorativo do Centenario da Independencia por **ARTHUR LEMOS, EVARISTO DE MORAES** e outros juristas.

(2) Na exposição de motivos do projecto de estatuto de funccionarios publicos escrevemos o seguinte·

"Tem-se entendido que dimana do texto constitucional o direito ás mulheres de concorrer aos cargos da administração publica e que, assim sendo, não lhes póde ser denegado, ainda que na ausencia de qualquer disposição legal ou regulamentar.

Effectivamente, em face do art. 69 da Constituição Federal, todas as pessôas nascidas no territorio nacional, sem distincção de idade ou de sexo, são consideradas cidadãos brasileiros. Mas o artigo 73, estabelecendo que os cargos publicos, civis ou militares, são accessiveis a todos os brasileiros, subordina esse direito ás condições de capacidade especial que a lei estatuir.

"A capacidade", declara **MEUCCI**, "póde ser moral, intellectual e physiologica, sendo esta constituida pela idade e pelo sexo". ("Instituzioni di diritto amministrativo"). Nada impede, portanto, que entre as condições de capacidade especial esteja incluido o sexo masculino. E, parece que no silencio da lei, assim se deve entender, pois, segundo a tradição do nosso direito, os cargos publicos são, em regra, providos por pessôas do sexo masculino.

Na França, é doutrina corrente que a lei póde estabelecer condições de idade e sexo (**NEZARD**, "Eléments de droit public" — **BERTHELEMY**: — "Droit Administratif").

Nos Estados Unidos, em cuja constituição a palavra "cidadãos" é empregada em sentido equivalente ao da nossa constituição, para a maioria dos cargos publicos se exige o sexo masculino. "In Robinson's case", escreve **GOODNOW**, "it is said that the mala sex is required when no provision as to eligibility om women exists though it is admitted there is no constitucional objection to women being made elegible by statute. ("Principles of the Administrative law of the United States").

Desde que se acceite tal interpretação, não se póde negar ás mulheres o accesso aos cargos militares e o direito de se alistarem como eleitoras.

Outra consequencia seria inevitavel: a de que ellas estão obrigadas á prestação do serviço militar.

Afigura-se, pois, mais logica a doutrina que não vê no texto constitucional impedimento algum á outorga desse direito, mas que deixa ao legislador a faculdade de regulal-o, de accordo com as conveniencias do serviço publico".

ao direito de voto, a Constituição se limita a declarar, no artigo 70, que "são eleitores os cidadãos maiores de 21 annos que se alistarem na forma da lei" excepto: 1°, os mendigos; 2°, os analphabetos; 3°, as praças de pret, exceptuados os alumnos das escolas militares de ensino superior; 4°, os religiosos de ordens monasticas, companhias, congregações ou communidade de qualquer denominação, sujeitos ao voto de obediencia, regra ou estatuto que importe na renuncia da liberdade individual".

Como já vimos, o suffragio constitue uma funcção publica e, em bôa doutrina, quando a Constituição exige certas condições para o desempenho de determinado cargo, taes condições não pódem ser ampliadas nem restringidas por lei ordinaria.

Incluindo o artigo 70 entre os principios constitucionaes da União, a que os Estados devem observar em sua organização, declara Herculano de Freitas:

"São eleitores os cidadãos brasileiros maiores de vinte e um annos que souberam lêr e escrever e não forem mendigos, praças de pret, com excepção dos alumnos da Escola Militar, ou religiosos sujeitos a voto de obediencia.

Não póde, pois, ser licito a um Estado restringir essa capacidade, alterar essa capacidade, estatuir differentemente da lei fundamental da Nação, negando o direito de voto a um maior que saiba lêr e escrever e que não esteja comprehendido nas excepções do artigo 70.

A capacidade é de direito substantivo, é a Nação que a regula, e ella diz: — "Serão eleitores" imperativamente. Portanto, todo aquelle maior de vinte e um annos, que souber lêr e escrever, não fôr religioso sujeito a voto de obediencia, ou praça de pret, ou mendigo, tem o direito de reclamar a sua inclusão nos registros eleitoraes. Seria vã essa affirmação, seria de facto amputado esse direito que a Nação reconhece aos cidadãos, se o Estado Federado pudesse declarar: Não, não votarão nas eleições para os cargos estaduaes ou para os cargos do municipio senão os proprietarios de bens de valor superior a tanto, senão os maiores de vinte e cinco annos, etc." (1)

Referindo-se ao direito de suffragio nos Estados Unidos, declaram WOODBURN e MORAN:

"A tendencia agora é para pôr abaixo outra barreira: a distincção de sexo. Parece arbitrario impedir de votar, simplesmente por causa do sexo, uma pessôa intelligente que aspire proteger seus interesses e participar dos negocios publicos. O movimento em prol do suffragio feminino tem feito accentuado progresso nos annos recentes. Quinze Estados já o têm adoptado e uma emenda constitucional, para a igualdade de suffragio, foi approvada pelo Congresso em 1919, achando-se dependente de ratificação dos Estados". (2)

Em diversos paizes, as mulheres já gozam do direito de voto.

A Constituição Allemã de 1919 confere ás mulheres o direito de voto, sem restricção alguma.

A Constituição Uruguaya não veda ás mulheres tal direito, mas exige para o seu reconhecimento a maioria de dois terços do total dos membros de cada camara.

Não seria o caso de tornar expressa a competencia do Congresso para conferir, quando julgasse opportuno, o direito de voto ás mulheres?

---

(1) A intervenção federal aos Estados — "Jornal do Commercio", de 14 de Junho de 1923.

(2) "The Citizen and the Republic", pag. 15.

X X V

LIBERDADE DE COMMERCIO. REGULAMEN-TAÇÃO DO COMMERCIO INTERNACIONAL E INTERESTADUAL

A liberdade de commercio é assegurada pelo art. 72, n. 24, da Constituição Federal, tanto aos nacionaes como aos estrangeiros residentes no paiz.

O principio da liberdade de commercio parece suppor um regimen de abstenção absoluta por parte dos poderes publicos, mas, na pratica, tal não acontece. (1)

Como todas as liberdades, a liberdade de commercio está sujeita ás limitações julgadas indispensaveis ao bem-estar da communidade.

A Constituição Americana confere ao Congresso o poder de regular o commercio com as nações estrangeiras e entre os diversos. Estados e com as tribus indigenas (art. J, sec. 8ª n. 3).

Para se ter idéa da importancia de semelhante poder, basta referir que a sua ausencia foi uma das causas que mais concorreram para a união federal de 1787. (2)

---

(1) **CARVALHO DE MENDONÇA**: "Direito Commercial Brasileiro", vol. I, pag. 152.

(2) **ASHLEY**: "The American Federal State", pag. 276.

Em 1824, no caso *Gibbons v. Ogden*, MARSHALL, em nome da Suprema Côrte, declarou que o poder de regular o commercio, como os demais poderes investidos no Congresso, era completo e exclusivo, não admitindo outras limitações além das que resultavam da propria Constituição.

A Suprema Côrte, porém, durante algum tempo mostrou-se vacillante nessa jurisprudencia, estabelecendo mais tarde distincção entre o que é de caracter nacional e exige uniformidade de regulamentação e o que, não o sendo, póde comportar diversidade de legislação, de accôrdo com as condições locaes. No tocante ao primeiro caso, manteve o principio estabelecido por MARSHALL, mas, quanto ao segundo, resolveu que, na ausencia de lei federal, os Estados podiam legislar para os respectivos territorios. (1)

Tendo em vista as numerosas decisões da Suprema Côrte, alguns autores sustentam que, se o Congresso se abstem de legislar sobre qualquer assumpto relacionado com o commercio internacional ou interestadual, os Estados pódem fazel-o, mas esta legislação sómente subsiste emquanto elle não dispuzer o contrario. Outros, porém, só admittm a competencia do Estados, quando o assumpto é de caracter local. No caso contrario, isto é, quando o assumpto reveste caracter nacional e exige uniformidade de regulamentação, sómente o Congresso póde legislar e, se o não faz, é porque entende que tal assumpto dispensa qualquer regulamentação ou restricção. (2)

O poder de regular o commercio, affirmam diversos constitucionalistas americanos, inclue o poder de restringir ou prohibir, e o Congresso tem autorizado o Presidente, sob certas circunstancias, a prohibir o commercio com algumas nações. (3)

---

(1) KIMBALL: "The National Government of the United States", pag. 480.
(2) Mc. CLAIN: "Constituitional law in the United States", pag. 152 — PATTERSON: "The United States and the States under the Constitution", pag. 71.
(3) PUTNEY: "United States Constitutional History and Law", pag. 385. — KIMBALL: Ob. cit. pag. 495).

Tem sido advertido, todavia, que a suspensão do commercio internacional por indefinido ou illimitado periodo não póde propriamente ser considerada como uma regulamentação, desde que isso acarreta uma temporaria destruição do mesmo e o poder de regular o commercio não deve ter por fim annullal-o.

A Suprema Côrte nunca se manifestou sobre este ponto, mas as côrtes inferiores têm julgado a prohibição como perfeito exercicio do poder do Congresso, sustentando que ella não visa destruir, mas defender, prevenir e proteger o commercio internacional.

Não resta duvida, porém, observa BLACK, que tal acto vai ao extremo limite do exercicio desse poder. (1)

KIMBALL refere-se ás restricções estabelecidas pelo Presidente Wilson sobre o commercio com as nações, cuja neutralidade era suspeitada, ás licenças que foram estabelecidas para o commercio de certas mercadorias e á prohibição de importação de determinados artigos. (2)

Mas é bem de vêr que, nesta hypothese, a situação é differente, porque em estado de guerra *salus populi suprema lex est.*

A Constituição Argentina declara que compete ao Congresso regular o commercio maritimo e terrestre com as nações estrangeiras e as provincias entre si (art. 67, n. 12)

A unica differença entre o texto americano e o texto argentino é que este se refere ao commercio maritimo e terrestre e aquelle contem na parte final as palavras "com as tribus indigenas".

Mas, como observa GONZÁLEZ CALDERÓN, o texto argentino é mais amplo que o texto americano, porque a Constituição ha dado ao Congresso o poder de ditar os codigos civil e commercial, os quaes abrangem uma infinidade de questões

---

(1) "Handbook of American Constitutional Law", pag. 225.
(2) Ob. cit. pag. 495.

que, nos Estados Unidos, estão reservadas á jurisdicção dos Estados. Além disso, trata-se de um poder *exclusivo*, o que impede as provincias de legislar indirecta ou incidentemente sobre o commercio internacional ou interestadual. (1)

As considerações feitas por GONZÁLEZ CALDERÓN têm perfeita applicação ao nosso texto constitucional. (2)

No Brasil, como na Argentina, compete ao Congresso a faculdade de legislar sobre direito civil e commercial, o que não acontece nos Estados Unidos. Além disso, a Constituição Brasileira, como a Argentina, confere ao Congresso o poder *exclusivo* ou *privativo* de regular o commercio, ao passo que a Constituição Americana se limita a declarar que o Congresso terá o poder de regular o commercio.

Nos Estados Unidos, muitos casos sobre commercio internacional e interestadual têm sido submettidos á deliberação da Suprema Côrte.

Entre nós, rarissimas vezes se tem manifestado o Supremo Tribunal Federal sobre tão relevante assumpto.

O accordão de 20 de Janeiro de 1917 declara: *a*) que, em face do art. 34, n. 5, da Constituição, compete exclusivamente ao Congresso Nacional regular o commercio internacional e interestadual; *b*) que, na palavra — commercio — do texto constitucional estão evidentemente comprehendidos o ingresso e a sahida de mercadorias, a importação e a exportação; *c*) que aos Estados não cabe prohibir a exportação de mercadorias de primeira necessidade, ainda que sob o fundamento de salvação publica: em tudo o que affecta ao commercio interestadual ou internacional, a acção do Estado cede á do Governo Federal, e as respectivas leis ou actos fiscaes não pódem transpôr as fronteiras do seu territorio.

---

(1) "Derecho Constitucional Argentino", vol. III, pag. 143.

(2) Compete privativamente ao Congresso Nacional regular o commercio internacional, bem como o dos Estados entre si e com o Districto Federal... (art. 34. n. 5).

LIBERDADE DE COMMERCIO

O accordão n. 2.949, de 29 de Dezembro do mesmo anno, sustenta doutrina contraria, affirmando: *a*) que o acto do governo do Estado, limitando a exportação de um producto diz respeito ao commercio interno do mesmo Estado; *b*) desde que lhe é permittido o imposto prohibitivo de exportação, escapa a toda critica a medida branda da limtação apenas, mesmo sem a forma tributaria; *c*) cabe ao governo do Estado o poder de policia para, no interesse geral do mesmo Estado, dirimir difficuldades e crises, sofreando e regulando interesses em conflicto.

Combatendo os fundamentos deste accordão, escrevemos no "Manual da Constituição Brasileira":

"Não é sómente depois de exportada que a mercadoria deixa de ser objecto de commercio interno.

Segundo a doutrina americana, uma venda, em que vendedor e comprador são de Estados differentes, assume o caracter de transacção de commercio interestadual, sempre que as mercadorias devam ser tranportadas de um para outro Estado, quer essa venda se realize antes ou depois do embarque. (1)

Assim, tambem, uma operação feita, em identicas condições, entre individuos residentes no paiz e no estrangeiro, assume o caracter de transacção de commercio internacional.

Limitando ou prohibindo a exportação, o Estado difficulta ou impede não só o cumprimento de transacções já effectuadas como a realização de novas transacções. E é por isso que, nos Estados Unidos, se considera interferencia no commercio interestadual e, portanto, inconstitucional a lei de um Estado que prohibe ou impede o transporte, para fóra do seu territorio, de qualquer artigo de commercio. (2)

---

(1) A sale, the parties to which are of different States is a transaction of interstate commerce whenever the contract of sale may be made when the goods are to be transported from one State to another, whether the sale is made be_ fore or after ahipment ("Cyclopedia of law and procedure", vol. VII, pag. 416).

(2) So, too, a State law prohibiting or impeding the transportation out of the State of an article of commerce is an interference with interstate commerce and void ("Corpus juris", vol. XII, pag. 61).

O facto de poder o Estado taxar os seus productos de exportação não justifica tal limitação, porquanto isso importaria admittir que uma attribuição outorgada aos Estados póde invalidar outra, inteiramente differente, conferida á União. (1)

E' certo que os Estados têm completa liberdade de acção no exercicio de suas attribuições, mas é certo tambem que essa liberdade de acção encontra a sua natural restricção nas attribuições conferidas aos poderes da União.

A faculdade de crear taxas de exportação tem por fim proporcionar aos Estados os meios de melhor provêr ás suas despesas, mas evidentemente não são com impostos prohibitivos que se consegue realizar semelhante objectivo.

Desde que os impostos sejam estabelecidos com o intuito manifesto de impedir a exportação, é bem de vêr que elles não pódem subsistir, porque, como diz RUY BARBOSA "o Estado que não tem o poder de regular, não tem o de limitar ou prohibir, e tanto se limita ou prohibe o commercio, cerceando ou negando aos individuos o direito de o exercerem como sujeitando o exercicio desse direito, nas pessôas ou nas mercadorias, a tributos restrictivos ou prohibitivos". (2)

Por outro lado, tratando-se de commercio interestadual, não se póde invocar o poder da policia dos Estados, pois tal poder não tem applicação em assumpto de competencia exclusiva do Congresso Nacional.

Aliás, é preciso ter em vista que, ao contrario do que occorre nos Estados Unidos, o poder de policia, entre nós, não cabe principalmente aos Estados, mas á União.

Não cabe, pois, aos Estados prohibir ou restringir a exportação dos seus productos. Tal medida só póde ser tomada

---

(1) The power to regulate commerce is not at all like that to lay taxes ("STORY: "Commentaries on the Constitution of the United States", vol. II, pag. 13.

(2) Vide voto vencido do ministro GOLDOFREDO CUNHA no mencionado accordão n. 2.949.

LIBERDADE DE COMMERCIO

pelo Congresso Nacional, ao qual compete privativamente regular o commercio internacional e interestadual. (1)

A concurrencia é o grande propulsor do progresso commercial e industrial. Sem concurrencia não póde haver liberdade de commercio.

A restricção á liberdade de commercio só encontra justificativa quando redunda em insophismavel beneficio da collectividade.

Nada impede, porém, que o Congresso Nacional limite ou prohiba a exportação durante certo prazo, desde que assim o imponham as circumstancias occurrentes e as exigencias do bem publico. (2)

O poder de regular o commercio autoriza o Congresso a tomar uma série de providencias tendentes a impedir o açambarcamento dos productos. Basta referir que foi baseado nesse poder que, nos Estados Unidos, o Congresso votou a lei que veda os monopolios (*Sherman Anti-Trust Act*) e cuja constitucionalidade nunca foi posta em duvida pelo Poder Judiciario.

E' este, sem duvida, um dos pontos mais delicados que terá de enfrentar o Congresso na projectada reforma constitucional, porque, se de um lado, a população não deve ficar á mercê dos espculadores que, com a ambição de lucros desenfreados, vão tornando cada vez mais insupportavel a vida para as classes menos favorecidas, por outro lado, as medidas restrictivas, não raro, se refletem sobre a producção do paiz, prejudicando o desenvolvimento do nosso commercio internacional. (3)

---

(1) A bôa doutrina, condensada no accordão de 20 de Janeiro de 1917, já foi restaurada pelo proprio Supremo Tribunal Federal no accordão n. 2.949, de 1º de Outubro de 1921.

(2) Vide acc. do Supremo Tribunal Federal de 16 de Dezembro de 1919.

(3) A lei n. 4.034, de 12 de Janeiro de 1920, autorizou o Poder Executivo a regular a exportação dos generos alimenticios de primeira necessidade, adoptando as medidas que entendesse necessarias para evitar a elevação exaggerada dos pre-

ços dos mesmos generos, resguardando, todavia, os legitimos interesses do productor e dos vendedores.

A lei n. 4.182, de 13 de Novembro do mesmo anno, supprimiu as restricções ao commercio e á exportação dos generos alimenticios, ficando, entretanto, o Governo autorizado, em caso de carencia de qualquer desses generos, a intervir nos mercados para formação dos "stocks" indispensaveis ao abastecimento interno do paiz. (art. 1°).

A lei n. 4.555, de 10 de Agosto de 1922, declarou que continuavam em vigor, unicamente em relação á carne verde e ao leite fresco, os poderes outorgados ao Executivo pela lei n. 4.034, de 12 de Janeiro de 1920, e especificados no regulamento approvado pelo decreto n. 14.027, de 21 do mesmo mez e anno.

Esta disposição foi revigorada pela lei n. 4.632, de 6 de Janeiro de 1923, (art. 85) e pela lei n. 4.793, de 7 de Janeiro de 1924, (art. 180).

XXVI

DOMINIO DAS AGUAS. APROVEITAMENTO DE FORÇA HYDRAULICA

Defendendo a doutrina de que os rios que banhem dois ou mais Estados são de dominio destes e não da União, assim nos externamos no *Manual da Constituição Brasileira:*

"Durante muito tempo, sustentou-se que, em virtude do disposto no art. 34, n. 6, pertenciam á União os rios que banhem dois ou mais Estados e, de accôrdo com esta doutrina, não poucas concessões foram feitas pelo Governo Federal para a utilização da força hydraulica desses rios. (1)

A tendencia actual, porém, é para condemnar semelhante interpretação.

Com effeito, o accordão do Supremo Tribunal, de 28 de Dezembro de 1907, declara que o poder conferido á União pelo art. 34, n. 6, da Constituição foi o de legislar não sobre todos os usos a que se possam prestar as aguas dos rios que banhem mais de um Estado ou se estendam a territorios estrangeiros, mas tão sómente sobre um desses usos — a navegação, — creando assim uma restricção ao dominio dos Estados sobre as aguas. (2)

---

(1) O decreto n. 5.407, de 27 de Dezembro de 1904, e o decreto legislativo n. 5.646, de 22 de Agosto de 1905, regulam o aproveitamento de força hydraulica dos rios de dominio da União.

(2) a mesma doutrina é suffragada no accordão n. 1.790, de 27 de Janeiro de 1913.

O projecto de Codigo das Aguas, elaborado pelo sr. Alfredo Valladão, considera como pertencentes á União sómente as aguas publicas de uso commum nos seguintes casos:

a) quando situadas no Territorio do Acre ou em qualquer outro territorio que a União venha a adquirir, emquanto não se constituir em Estado ou fôr incorporado a algum Estado;

b) quando servem de limites da Republica com as nações visinhas;

c) quando situadas na zona de 10 leguas contigua aos limites da Republica com essas nações.

A commissão especial encarregada de estudar esse projecto diz em seu parecer: "A doutrina consagrada no projecto de que pertencem ao dominio dos Estados os rios interiores que banhem mais de um Estado ou se estendam a territorios estrangeiros, salvo a competencia da União para legirlar apenas sobre a navegação, foi adoptada pela commissão, sob o fundamento de ser a mais consentanea com os dispositivos da Constituição Federal". (1)

O unico argumento susceptivel de se invocar em favor daquella opinião é que a intervenção de qualquer poder estranho poderia crear embaraços á navegação. Tal argumento, porém, não tem grande importancia, visto como nos rios navegaveis ha trechos que se não prestam á navegação e que, entretanto, pódem ser aproveitados para fins industriaes. (2)

Desde que se entendesse que os rios que banhem dois ou mais Estados são de dominio da União, ter-se-ia forçosamente de concluir que, sem o consentimento desta, estariam elles privados de fazer nesses rios as obras necessarias á irrigação de suas terras. Mas, parece evidente que não foi esse o intuito do legislador constituinte". (3)

---

(1) "Diario do Congresso Nacional", de 11 de Dezembro de 1917.

(2) **ARAUJO CASTRO**: "Aproveitamento de força hydraulica", "Jornal do Commercio", de 28 de Abril de 1916.

(3) A Constituição da Australia confere tambem ao governo central (Confederação) o poder de legislar sobre a navegação, mas manda respeitar os direitos dos Estados ao uso das aguas para a irrigação (**WISE**: "The Commonwealth of Australia", pag. 185).

DOMINIO DAS AGUAS 161

Apoiando tal doutrina, observa João Luiz Alves:

"Não ha um só texto que attribua á União o dominio dos rios que banhem mais de um Estado.

Procuram alguns interpretes firmar o dominio da União no art. 34, § 6°, que declara competir ao Congresso Nacional "legislar sobre a navegação dos rios que banhem mais de um Estado".

Mas é esse mesmo texto que exclue, de modo insophismavel, o dominio da União. Fosse della o dominio dos rios que banhem mais de um e seria excusado o citado § 6° do art. 34, porque no seu dominio estaria comprehendido o direito de legislar sobre a respectiva navegação, não havendo necessidade de declaral-o.

Se a Constituição julgou necessario estabelecer expressamente tal direito, é porque reconheceu e attribuiu o dominio aos Estados, reservando á União apenas uma especie de servidão de transito sobre a qual lhe compete legislar". (1)

E' essa tambem a opinião de Carlos Maximiliano. (2)

Mas, se seria absurdo admittir o direito da União sobre os rios que banhem mais de um Estado simplesmente pelo receio de possibilidade de um embaraço á navegação, forçoso é reconhecer, entretanto, que tal embaraço, póde, de facto, surgir com as concessões feitas pelos Estados.

Além disso, rios que hoje não apresentam condições de navegabilidade pódem amanhã ser transformados em rios navegaveis. (3)

Haveria, pois, toda a conveniencia de que ao Congresso Nacional fosse commettida a attribuição privativa de legislar sobre os usos a que se prestam as aguas desses rios.

---

(1) Vide **CLODOMIRO PEREIRA DA SILVA**: "Estudo sobre aguas corrende Minas Geraes.

(2) "Commentarios á Constituição Brasileira", pag. 252.

(3) Vide **CLODOMIRO PEREIRA DA SILVA**: "Estudo sobre aguas correntes e quedas de agua".

A 11

O aproveitmento de quedas de agua, para fins industriaes, por exemplo, constitue assumpto de interesse nacional, sendo, como é, elemento indispensavel á realização dos nossos grandes melhoramentos — electrificação de estradas de ferro, desenvolvimento da siderurgia, etc.

Na Allemanha, todas as forças naturaes utilizaveis, sob o ponto de vista economico, são collocadas sob o *contrôle* do Estado. (1)

No Mexico, constituem propriedade da Nação todas as aguas dos rios principaes e seus affluentes desde a nascente até á embocadura, quer atravessem dois ou mais Estados, quer sirvam de limites entre elles. (2)

Nos Estados Unidos, o receio de que as quedas de agua possam ser monopolizadas por corporações particulares ha despertado o interesse publico de certo tempo a esta parte. E, por isso, o governo federal passou a adoptar o systema de retirar a força hydraulica das concessões de terras. Durante o ultimo anno da Presidencia Roosevelt e o primeiro anno da Presidencia Taft, as retiradas abrangeram 126 cursos em uma área de milhão e meio de acres. O uso das aguas é, em geral, concedido por curto prazo a particulares, que fazem o aproveitamento da força hydraulica e a cedem a terceiros sob a inspecção do governo. (3)

Na Suissa, a emenda constitucional de 25 de Outubro de 1908 collocou a utilização das forças hydraulicas sob a alta vigilancia da Confederação. A legislação federal estabelece as normas geraes necessarias para salvaguardar o interesse publico e assegurar a regularidade dessa utilização. Observa-

---

(1) Constituição de 11 de Agosto de 1919.
(2) Constituição de 5 de Fevereiro de 1917.
(3) **ASHLEY:** "The American Federal State", pag. 543.

DOMINIO DAS AGUAS

dos taes normas, os cantões podem tambem regular o empre-go das forças hydraulicas. (1)

No Brasil, é incontestavel a vantagem de uma legislação que consulte, ao mesmo tempo, os interesses da União e dos Estados.

Não se torna mister abolir por completo a intervenção dos Estados, que, em certos casos, poderão continuar a fazer con-cessões para a producção de energia electrica e outros fins de interesse publico.

O que é indispensavel é que tudo fique subordinado á orientação e fiscalização da União, afim de que sejam conve-nientemente resguardados os interesses nacionaes. (2)

---

(1) Esta emenda parece ter sua origem no pedido que, em 1891, a sociedade "Frei Land" fez á Assembléa Federal, por intermedio do Conselho Federal, para que fosse introduzida na Constituição um dispositivo "considerando todas as forças hydraulicas da Suissa, ainda não utilizadas, de propriedade da Confederação, a cujo cargo ficariam sua exploração e sua transmissão por electricidade, ar com-primido, etc."

(2) No Serviço Geologico e Mineralogico do Brasil ha, desde 1920, uma se-cção destinada aos estudos das forças hydraulicas do paiz.

Já se acha organizado um cadastro provisorio, no qual foram aproveitados os dados fornecidos pelas poucas publicações que existem a respeito.

De accôrdo com esses dados, o total da potencia hydraulica do paiz é ava-liada em cerca de 150.000.000 C. V.

O dr. Gonzaga de Campos, porém, avalia que a potencia hydraulica do Brasil é dupla da dos Estados Unidos, isto é, superior a 400.000.000 C. V.

Para se ter uma idéa da importancia economica da nossa grande energia hy-draulica, basta referir que cada cavallo vapor equivale ao consumo annual de 8.760 kilogrammas de carvão de pedra.

Da potencia já utilizada, o Serviço Geologico organizou um quadro que, em-bora incompleto, accusa um total de 346.000 C. V.

Assim, não será exaggero dizer que 500.000 C. V. de energia hydraulica já são empregados, quer directamente, quer transformados em energia electrica, o que corresponde a uma economia annual d 4.380.000 toneladas de carvão.

A utilização racional da energia hydraulica poderá permittir qde o Brasil se torne uma das mais poderosas nações industriaes.

XXVII

PROPRIEDADE E LEGISLAÇÃO DE MINAS

No Mexico, cabe á Nação o dominio directo de todos os mineraes e substancias que, em veios, massas e jazidas, constituam depositos cuja natureza seja distincta dos componentes dos terrenos, taes como os mineraes de que se extrahem metaes e metalloides utilizados na industria, as jazidas de pedras preciosas, de sal gemma e as salinas formadas directamente pelas aguas marinhas, os productos derivados da decomposição das rochas, quando sua exploração necessite trabalhos subterraneos, os phosphatos susceptiveis de ser utilizados como fertilizantes, os combustiveis mineraes solidos, o petroleo e todos os carbonos de hydrogenio solidos, liquidos e gazozos. (art. 27).

Nos Estados Unidos, as minas pertencem aos proprietarios do solo, mas este, em extensa área, constitue ainda objecto de propriedade do Governo Federal.

A principio, as terras publicas attingiam a 2.925.000 milhas quadradas. Em virtude não só de concessões feitas aos Estados, a companhias ou empresas de estradas de ferro e outras corporações destinadas a promover melhoramentos de interesse publico como de reservas para indios e vendas para pagamento das dividas publicas, etc., essas terras achavam-se reduzidas, em 1860, a 1.055.911.288 acres e, em 1909, a 731.354.081 acres.

PROPRIEDADE E LEGISLAÇÃO DE MINAS 165

Em 1917, o Governo Federal já dispunha sómente de 230.000.000 acres, ou sejam 930.743.300.000 metros quadrados. (1)

O Presidente Roosevelt, em mensagem de 3 de Fevereiro de 1907, chamou a attenção do Congresso para o desperdicio dos recursos mineraes e suggeriu a conveniencia de legislação que permittisse separação entre a propriedade do solo e a do sub-solo, de maneira que este pudesse ser conservado para o bem publico quando o primeiro fosse vendido. (2)

E, dada a grande área de terras com mineraes que ainda se acha no dominio do Estado, o inconveniente póde, em parte, ser remediado, sem offensa das garantias constitucionaes. (3)

A Constituição Argentina limita-se a declarar que a propriedade é inviolavel, mas o Codigo Civil attribue ao Estado (nação ou provincia) a propriedade das minas.

Proclamada a independencia, escreve JOAQUIN GONZÁLEZ, "produz-se uma reversão de todas as propriedades constituidas em proveito da Corôa para o verdadeiro dono — o povo, isto é, a nação representada pelo Estado... E' neste sentido que devemos entender o Codigo Civil, quando define a propriedade mineira como bem privado do Estado, nacional ou provincial, segundo o territorio em que se encontre. A Constituição da Republica não diz uma só palavra sobre a propriedade mineira: apenas declara que o Congresso estabelecerá o Codigo de Minas... O Codigo Civil não póde ser applicado á defesa da propriedade mineira, senão incompletamente... O Codigo de Minas é que deve definir tal propriedade, que encontra seu fundamento directo no artigo 67, n. 11, da Constituição... E', pois. chamado a recolher todo o legado historico. toda a tradição e costumes mineiros estabelecidos em nosso paiz, para harmonizal-os com o espirito do

---

(1) KIMBALL: "The National Government of the United States", pag. 258.

(2) O Congresso tomou em consideração o assumpto, votando a lei de 22 de Junho de 1910.

(8) BARD: "American Government and Politica", pags. 404 e 410.

166   A REFORMA CONSTITUCIONAL

tempo, com a indole das instituições adoptadas e com os conselhos da sciencia e da experiencia, destinados a produzir o progresso industrial neste ramo de actividade collectiva". (1)

Ao passo que a Constituição Argentina se limita a declarar que a propriedade é inviolavel, autorizando apenas o Congresso a decretar o Codigo de Minas, a nossa Constituição não sómente dispõe, no artigo 64, que "pertencem aos Estados as minas e terras devolutas situadas nos respectivos territorios..." como estabelece, no artigo 72, § 17: "As minas pertencem ao proprietario do solo, salvas as limitações que forem estabelecidas por lei a bem da exploração deste ramo de industria".

No periodo colonial, as minas pertenciam á Corôa. Proclamada a independencia, passaram a constituir propriedade do Estado.

O decreto de 27 de Setembro de 1824 estabeleceu que a exploração de minas dependia de uma concessão emanada de autoridade legal.

O decreto de 27 de Agosto de 1829 declarou que os subditos do Imperio não precisavam de autorização para "emprehenderem a mineração nas terras de sua propriedade por meio de companhias de socios nacionaes e estrangeiros".

A alguns dos nossos jurisconsultos, notadamente TEIXEIRA DE FREITAS E LAFAYETTE, pareceu que desse acto resultou a transferencia das minas para os proprietarios do solo.

Com effeito, estabelece TEIXEIRA DE FREITAS em sua *Consolidação das Leis Civis*:

"Os subditos do Imperio não precisam de autorização para poderem emprehender a mineração em terras de sua propriedade por meio de companhias de socios nacionaes e estrangeiros, ficando sómente obrigados a pagar os impostos estabelecidos ou que para o futuro se estabelecerem". (2)

_____

(1) "La Propriedad de las minas", pag. 76.
(2) Quanto aos terrenos diamantiferos, não é assim; o proprietario particular do solo está sujeito á limitação do dominio nacional, tendo sómente um direito de preferencia para o arrendamento da lavra", ("Teixeira de Freitas": Ob. cit.)

Por sua vez, Lafayette, depois de escrever que "pertencem ao proprietario, em virtude do dominio adquirido, as pedreiras, as minas de saes, de metaes, de carvão de pedra e de quaesquer outros productos naturaes, excepto as de diamantes, que são de propriedade do Estado", accrescenta, em nota, o seguinte:

"As concessões de privilegios que o Governo Imperial está no habito de fazer a nacionaes e estrangeiros, para explorarem minas de ouro, prata, carvão de pedra, "existentes em terrenos particulares", são verdadeiros attentados contra o direito de propriedade". (1)

Mas o aviso n. 461, de 22 de Outubro de 1866, declarou com todo o fundamento que não podia o decreto de 27 de Agosto de 1829 revogar a ord., liv. 2º tit. 26, § 16, que terminantemente estabelece o direito do Estado a todos os mineraes existentes no sub-solo, direito firmado no artigo 34 da lei n. 514, de 28 de Outubro de 1848, e no artigo 16, § 4º, da lei n. 601, de 18 de Setembro de 1850, porquanto a um acto do Executivo fallecia força de, tacitamente, alterar a legislação portugueza, que foi mandada vigorar no Imperio pela lei de 20 de Outubro de 1823.

Depois da independencia, refere Lacerda de Almeida, sempre se entendeu pertencente ao dominio nacional a propriedade das minas. O decreto de 27 de Janeiro de 1829 e as leis de 8 de Outubro de 1833 e 18 de Setembro de 1850, onde parecem apoiar-se os que sustentam opinião contraria, não têm tal alcance. (2)

O projecto de Constituição elaborado pela commissão nomeada pelo Governo Provisorio nada dispunha de especial sobre minas; apenas autorizava os Estados a legislar sobre as suas terras, florestas e sub-solo (art. 73).

---

(1) Direito das cousas, pag. 68.
(2) Direito das cousas, pag. 94.

Aliás, por esse projecto todas as terras devolutas não passariam para o dominio dos Estados, aos quaes ficaria pertencendo sómente certa área, que seria demarcada á sua custa, com a condição de a povoar e colonizar dentro de prazo determinado, sob pena de, não o fazendo, a União readquirir a propriedade cedida (art. 5°).

O Governo Provisorio no seu projecto (1), manteve esta disposição com a declaração, porém, de que a distribuição das terras seria feita por uma lei do Congresso Nacional.

Na Constituinte vencêra, em primeira discussão, a seguinte emenda dos deputados Muniz Freire e Antão de Faria:

"As minas e as terras devolutas são do dominio dos Estados, sem prejuizo dos direitos da União a toda porção de territorio que precisar para a defesa das fronteiras, para fortificações, para construcções e, em geral, para qualquer serviço publico que dependa directa e exclusivamente de sua autoridade".

Na terceira discussão, foram approvadas duas emendas substitutivas; a primeira de Feliciano Penna e Gonçalves Chaves: "as terras devolutas e as minas nestas existentes são do dominio dos Estados", e a segunda de Julio de Castilhos e outros: "pertencem aos Estados as minas e terra devolutas existentes nos seus territorios, cabendo á União sómente a porção de territorio que fôr indispensavel para a defesa das fronteiras, fortificações, construcções militares e estradas de ferro".

O Presidente da Assembléa Constituinte declarou que taes emendas se completavam. Dahi resultou o artigo 64.

Referindo-se a este dispositivo, observa MIGUEL CALMON:

"Não se trata aqui, como na emenda Feliciano Penna, de minas existentes nas terras devolutas, mas de minas existentes nos territorios dos Estados". (2)

---

(1) Decreto n. 510 de 22 de Junho de 1890.

(2) Relatorio apresentado ao Governador do Estado da Bahia, em 1902, na qualidade de Secretario da Agricultura, Viação, Industria e Obras Publicas.

PROPRIEDADE E LEGISLAÇÃO DE MINAS

Sustentando que os terrenos diamantinos pertencentes á Nação passaram, *ex-vi* do artigo 64, para o dominio dos Estados, DANIEL DE CARVALHO combate a opinião daquelles que entendem que essa disposição só se refere ás minas existentes nas terras devolutas.

Depois de mostrar que não sómente as jazidas mas os proprios terrenos diamantinos eram de dominio do Estado, isto é, que este era dono do solo e do sub-solo, escreve o seguinte:

"O Presidente do Congresso declarou que as emendas de Feliciano Penna e Julio de Castilhos se completavam (Annaes vol. III, pag. 236), e realmente assim é, pois a emenda de Julio de Castilhos contem o disposto na de Feliciano Penna, isto é, as terras devolutas e as minas nellas existentes são transferidas ao dominio dos Estados,—e mais alguma cousa, a saber, *as minas da União* ficam tambem pertencendo aos Estados onde estão situadas.

Um documento contemporaneo, a declaração de voto de Ruy Barbosa, elucida bem a questão, fazendo a distincção nitida entre as tres cousas tratadas no art. 64 e seu paragrapho:

"Declaro ter votado contra todas as emendas que transferem para os Estados o *dominio das terras e proprios nacionaes e minas*".

A intelligencia que proponho, além de ser a que está na letra do art. 64, é a que se coaduna com a systematica do nosso estatuto fundamental.

Realmente tendo a Constituição posto o principio accessionista de que as minas pertencem aos proprietarios do solo (art. 72, § 17), seria uma redundancia illogica mencionar expressamente *as minas das terras devolutas*. Estas minas estavam comprehendidas nas terras devolutas como accessorios, sendo inutil a referencia a ellas.

A Constituição quiz, indubitavelmente, passar tambem para os Estados as minas de propriedade da Nação, isto é, terrenos de mineração de ouro, diamantes e outras substancias, de que o Imperio era proprietario em varios pontos do territorio nacional" (*).

Miguel Calmon, entendendo que o artigo 64 attribue aos Estados o direito sobre quaesquer minas existentes, mas, tendo em vista, por outro lado, que o artigo 72, § 17 declara que "as minas pertencem ao proprietario do solo, salvas as limitações estabelecidas por lei, a bem da exploração deste ramo de industria", procura dar aos dois textos uma interpretação conciliatoria, como se vê do seguinte:

"Creio que se póde admittir haver sido o intuito do legislador constituinte dar o dominio (á guisa, talvez, de um *dominium eminens*) das minas aos Estados, para que dispuzessem sobre as limitações, de que fala o art. 72, § 17. sem offensa ao art. 34, n. 23, que manda o Congresso Nacional legislar sobre o direito civil.

Assim, caberia ao proprietario do solo um como direito preferencial, emquanto aos demais individuos, como, em parte, já estatuira o regulamento diamantino de 1875; aliás, é o que se conclue do estabelecimento das limitações a bem da exploração.

E póde-se presumir que tal seja o espirito constitucional, porque, de outra maneira, não se comprehenderia, nem se explicaria, o parecer da commissão de constituição, legislação e justiça, sobre o projecto n. 47 de 1891, que regula a propriedade das minas e dá outras providencias, e que assim declara:

(*) "Pareceres", pag. 216.

CARLOS DE CARVALHO considera como pertencentes aos Estados:

a) as minas, inclusive as de diamantes, existentes nas terras devolutas, que por effeito da Constituição lhes ficaram pertencendo e ainda que encontradas sejam nas que passaram para o dominio particular depois da lei n. 601 de 18 de Setembro de 1850;

b) as jazidas de diamantes encontradas nas terras devolutas de sua propriedade ou que hajam passado ao dominio particular depois da lei n. 601 de 18 de Setembro de 1850 e nos rios navegaveis e nos dos que se fazem os navegaveis ("Nova Consolidação das Leis Civis", pag. 74).

"Considera, pois, a commissão limitada a competencia do Congresso Nacional á legislação das minas de propriedade da União, cabendo aos Estados competencia incontestavel em relação ás que estiverem situadas em seus territorios, salvas as referidas restricções do art. 4°.

E' certo que o art. 72, § 17 estabelece que, em todo o territorio da Republica, a propriedade das minas pertence ao proprietario do sólo, salvas as limitações a bem da exploração deste ramo de industria.

Mas, está bem visto que as limitações serão estabelecidas por leis federaes, quando ellas se destinarem a regular exploração das minas de propriedade da União; *porquanto as que forem encontradas no territorio dos Estados, e sobre as quaes unicamente cumpre limitar o direito do proprietario sobre o solo e regular as obrigações do concessionario do sub-solo, devem ser regidas por leis emanadas de suas respectivas legislaturas, salvas sempre as limitações do art. 64".* (1)

Marcilio de Lacerda, adoptando opinião contraria, affirma ser hoje ponto pacifico a competencia do Congresso Nacional para legislar sobre minas. Realmente, diz elle, sendo a mina uma propriedade como outra qualquer, as limitações, a que está sujeita, são do dominio do direito civil e, portanto, do alcance da União. (2)

Sustentamos no *Manual da Constituição Brasileira* e continuamos a entender que, em face da Constituição, a competencia do Congresso Nacional é restricta ás minas de propriedade da União.

O projecto do Governo Provisorio attribuia ao Congresso Nacional competencia privativa para legislar sobre terras de propriedade nacional e minas. (art. 33, n. 31).

Mas, no tocante a terras e minas, não ha paridade entre o que nesse projecto se continha e o que se acha condensado

---

(1) Trab. cit. pag. 38.
(2) "Na tribuna e nas commissões do Senado", pag. 91.

na Constituição Federal. Ao passo que esta transferiu logo todas as terras devolutas para os Estados, aquelle, como já vimos, cogitava apenas da transferencia de certa extensão e mediante determinadas condições.

Se a Constituição declara expressamente que compete ao Congresso Nacional legislar sobre terras e minas de propriedade da União (art. 34, n. 29) e se cabe aos Estados todo e qualquer poder ou direito que lhes não foi negado por clausula expressa ou implicitamente contida nas clausulas expressas da Constituição (art. 65, n. 2), como attribuir ao Congresso Nacional competencia para legislar sobre minas em geral?

Por que o assumpto envolve materia de direito substantivo? Se assim fôra, como explicar o referido art. 34 n. 29?

Este dispositivo não encerra uma superfluidade; ao contrario, foi inserto, muito propositadamente, para delimitar a competencia da União, isto é, para que ella se não arrogasse a faculdade de legislar sobre minas em geral.

Aliás, todo o equivoco resulta do facto de se entender que legislação de minas é materia de direito substantivo.

A verdade, porém, é que a legislação de minas pertence mais ao dominio do direito administrativo, que não constitue materia privativa da União. Se o assumpto estivesse comprehendido na esphera do direito civil, claro é que o Codigo Civil não podia deixar de regulal-o. Se o não fez, foi porque os seus organizadores acertadamente reconheceram que elle deve ser regulado pelo direito administrativo. (*)

Mas, se nenhuma duvida temos quanto á competencia dos Estados para legislar sobre as minas situadas nos respectivos territorios, salvo as de propriedade da União, nenhuma duvida temos tambem sobre a inconveniencia de tal competencia, que por contrária aos interesses vitaes do paiz, não mais deve subsistir.

(*) BRIDEL: "Encyclopedia Juridica, trad. de Laudelino Baptista, pag. 107.

PROPRIEDADE E LEGISLAÇÃO DE MINAS

Não ha nem póde haver confusão entre propriedade de terras e propriedade de minas, cujo direito repousa na utilidade social.

A natureza e a sciencia demonstram que a mina é uma entidade differente da superficie por sua constituição geologica, por seu destino, pela independencia que existe entre uma e outra... O ideal de legislação consiste justamente no facto de poderem ser explorados — superficie e sub-solo — com independencia uma do outro. (*)

A Constituição Federal distingue, aliás, perfeitamente o solo do sub-solo, porque, após estabelecer que "o direito de propriedade se mantem em toda a sua plenitude, salvo desapropriação por necessidade ou utilidade publica, mediante indemnização prévia", declara em seguida "as minas pertencem aos proprietarios do solo, salvas as limitações que forem estabelecidas por lei, a bem da exploração deste ramo de industria".

Nesta hypothese, ao contrario daquella, não se trata de uma propriedade plena, mas de uma propriedade limitada, isto é, de uma propriedade á qual pódem ser feitas todas as restricções julgadas convenientes á sua exploração.

A este respeito, declara a mensagem de 3 de Maio ultimo:

"Grave e de premente actualidade é o momentoso problema da propriedade e exploração das minas, cujos productos, na maioria dos casos, interessam á defesa nacional e cuja exploração sem uma alta superintendencia da União póde constituir sério perigo para a prosperidade e tranquillidade do paiz.

(*) Estabelece a lei n. 4.265, de 15 de Janeiro de 1921:

"A mina constitue propriedade immovel, accessoria do solo, mas distincta delle. São consideradas parte integrante da mina as cousas destinadas permanentemente á sua exploração, taes como servidões, obras de arte, construcções subterraneas e superficiaes, machinas e instrumentos, animaes e vehiculos empregados no serviço da mina, o material do custeio e as provisões em deposito" (art. 5º e § unico).

"E' permittido ao proprietario separar a mina do solo para o fim de arrendar, hypothecar ou alienar, e póde fazel-o com relação á propriedade do solo, reservando para si a da mina" (art. 6º).

Entre o regimen ultra liberal da Constituição e o antigo regimen regaliano, ha modalidades adoptadas por outros povos, que permittem conciliar os grandes interesses da Nação e dos Estados com os direitos dos proprietarios do solo, o que se poderá obter por um novo texto constitucional com a resalva de direitos adquiridos para as explorações em curso.

Deverá ficar á legislação ordinaria prescrever, de modo conveniente ao bem publico a ao interesse privado, as regras relativas á pesquisa, descoberta e exploração das minas, assegurada a participação do proprietario do solo nos lucros e rendimentos".

O objectivo visado sómente poderá ser attingido com a attribuição expressa e privativa conferida ao Congresso Nacional de legislar sobre minas, quer se trate da União, quer dos Estados, quer de particulares.

E, como é doutrina corrente que o Congresso é o unico juiz dos meios necessarios ao exercicio das attribuições que lhe cabem, nada impede que assim seja dada conveniente solução a tão revelante assumpto. (*)

(*) E' verdade que a lei n. 4.265, de 15 de Janeiro de 1921, declara que as suas disposições são applicaveis a todas as minas existentes no paiz, ás jazidas reconhecidas ou suppostas de valor industrial, ao conjuncto de trabalhos necessarios ao seu aproveitamento e ás installações e obras de arte, subterraneas ou superficiaes, destinadas á extracção e ao tratamento dos minerios.

Mas, sem alterar neste ponto a Constituição, não poderá essa lei soffrer impugnação por parte do Judiciario?

O dr. CLODOMIRO DE OLIVEIRA avalia que, sómente no Estado de Minas Geraes, a capacidade de producção de ncssas jazidas de ferro não é inferior a tres bilhões de toneladas.

XXVIII

A LEGISLAÇÃO OPERARIA EM FACE DA CONSTITUIÇÃO FEDERAL

A Constituição Federal permitte a regulamentação do trabalho?

CARLOS MAXIMILIANO responde pela negativa:

"Contrasta com a garantia da liberdade de contratar a lei que fixar o numero de horas de trabalho diario. Só seria possivel, a bem da moral e da conservação da especie, velar o Estado para que não sejam exploradas pessôas dependentes de outras: as mulheres casadas, as solteiras de menor idade e as crianças. Os inidividuos *sui juris* trabalharão onde, quando e como quizerem". (*)

Na sua conferencia lida no Theatro Lyrico a 20 de Março de 1920, RUY BARBOSA sustentou que, para a realização de muitas das medidas que se prendem á legislação operaria, tornar-se-ia mister a revisão constitucional.

Depois de referir que as decisões americanas, que têm declarado inconstitucionaes leis estaduaes e federaes desta natureza, todas se estribam na liberdade de contratar e no direito de propriedade, e de citar varios arestos dos tribunaes americanos, declarou o seguinte:

(*) "Commentarios á Constituição Brasileira", pag. 750.

"Verdade seja que varias disposições legislativas têm sido alli sustentadas como constitucionaes; mas isso porque, sendo todas ellas inspiradas na consideração de abrigarem o operario dos excessos de trabalho e da usura na sua remuneração, "eram leis de policia"; isso porque, como taes, cabiam aos poderes de policia commettidos pela Constituição Nacional aos Estados; isso, emfim, porque, decretadas, como eram por estes, estavam nos limites de sua competencia constitucional. Mas, quanto aos poderes de policia, a nossa Constituição é a mesma. Esses poderes, tocam, aqui tambem, á competencia estadual. Se, portanto, nos apoiarmos nesses julgados americanos divergentes dos outros. será para chegarmos á mesma conclusão, isto é, á conclusão de que, podendo apenas os Estados legislar sobre tal assumpto, as leis que, a respeito delle, votasse o Congresso Nacional, seriam inconstitucionaes e nullas".

No *Manual da Constituição Brasileira*, e, mais tarde, em parecer apresentado ao Conselho Nacional do Trabalho, sobre o projecto de reforma da lei de accidentes do trabalho procuramos demonstrar que a Constituição Federal não impede tal legislação. (*)

Não seria o caso de tornar explicita a competencia do Congresso Nacional sobre esse importante assumpto?

Eis o parecer a que nos referimos:

"Nos Estados Unidos, datam de 1898 as primeiras tentativas de legislação sobre accidentes do trabalho, mas tal legislação encontrou serios embaraços de ordem constitucional. Assim é que foram declaradas inconstitucionaes as leis dos Estados de Maryland (1902), Montana (1909), Nova-York (1910), Wisconsin (1911) e Kentucky (1914).

(*) Em favor desta doutrina, vide **VIVEIROS DE CASTRO**: "A questão social".

LEGISLAÇÃO OPERARIA

A Côrte Suprema de Washington, porém, tendo em vista as novas exigencias sociaes, seguiu criterio differente, sustentando que a lei daquelle Estado (1911) sobre seguro obrigatorio para indemnização de accidentes do trabalho era perfeitamente constitucional, porque se baseava no legitimo exercicio do poder de policia do Estado.

Impressionado com a injustiça da applicação do direito commum, o presidente Roosevelt toma a iniciativa de um movimento em prol de uma lei de accidentes do trabalho para os empregados e operarios da União. Essa lei, votada pelo Congresso em 1908, teve seu campo de applicação bastante ampliado por leis subsequentes (4 de Março de 1911, 11 de Março de 1912 e 27 de Julho de 1912). A 7 de Setembro de 1916 foi promulgada a nova lei de accidentes do trabalho para os empregados e operarios da União.

E' bem de vêr que, no tocante a este ponto, descabida seria qualquer objecção de ordem constitucional, pela simples razão de que nenhuma restricção existe ao poder que cabe ao Congresso de legislar sobre a situação dos serventuarios federaes, mas é bem de vêr tambem que a acção do memo Congresso não poderia ir além desse terreno, uma vez que lhe fallece competencia para legislar, em geral, sobre materia de direito substantivo.

No intuito de facilitar a solução da questão, varios Estados (Nova-York, California, Ohio, Pensylvania, Arizona, Wyoming, etc.) introduziram emendas ás suas constituições, permittindo ás respectivas legislaturas ditar leis sobre accidente do trabalho. Taes emendas foram, a principio, impugnadas por contrárias á Constituição Federal, mas, em 1917, a Suprema Côrte Americana resolveu definitivamente o assumpto, declarando que o systema de indemnização, estabelecido pela lei de Nova-York de 1914, não estava em conflicto com a Constituição Federal e que a instituição do seguro obrigatorio era um legitimo exercicio das attribuições da Legislatura do Estado. Na mesma época, a Suprema Côrte Americana teve

A 12

opportunidade de manifestar-se pela constitucionalidade das leis do Estados de Washington e de Iowa. (*)

Desta maneira, ficaram obviadas as grandes difficuldades que, naquella republica, se apresentavam para a perfeita implantação da doutrina do risco profissional, que, em quasi todos os Estados, já constitue, aliás, objecto de legislação especial.

No Mexico, até 1918, apenas oito Estados haviam legislado sobre accidentes do trabalho (Nuevo Leon, Sonora, Vera Cruz, Zacatecas, Hidalgo, Tabasco, Chiapas e Yucatán) e, ainda assim, em alguns delles, o campo de applicação era bastante limitado.

Semelhante situação tende, porém, a modificar-se completamente, á vista da nova Constituição promulgada em 1917, a qual estabelece no art. 123:

"O Congresso da União e as legislaturas dos Estados deverão expedir leis sobre o trabalho, fundadas nas necessidades de cada região, sem contravirem as bases seguintes, as quaes regerão o trabalho dos operarios, jornaleiros, domesticos e artezãos, e, de uma maneira geral, todo contrato de trabalho:

. . . .

XIV — Os empresarios serão responsaveis pelos accidentes do trabalho e das molestias profissionaes dos trabalhadores, soffridos ou contrahidas em razão ou em exercicio da profissão ou trabalho que executarem; os patrões deverão, portanto, pagar a indemnização correspondente, segundo haja o accidente acarretado a morte ou simplesmente incapacidade temporaria ou permanente para trabalhar, de accôrdo com o que as leis determinarem".

Na Argentina, compete ao Congresso Nacional legislar sobre accidentes do trabalho.

(*) Vide **GARMENDIA**: "Jurisprudencia del trabajo".

Tal faculdade tem sido considerada como decorrente da attribuição, que lhe confere a Constituição, de ditar os Codigos Civil, Commercial, Penal e de Minas.

A Suprema Côrte Argentina, em decisão de 20 de Outubro de 1917, declarou que a lei de accidentes do trabalho era de applicação geral e obrigatoria em todo o paiz, sem prejuizo, todavia, das attribuições das provincias para regulamental-a, estabelecer as regras de procedimento judicial mais adequadas e crear os organismos administrativos que assegurassem sua regular applicação.

Tratando da competencia do Congresso Nacional para legislar, em geral, sobre as relações entre patrões e operarios, com o especial intuito de assegurar a protecção destes, escrevemos no *Manual da Constituição Brasileira*:

"No tocante ao estabelecimento de taes relações, o Estado é investido de um duplo poder: poder de policia e poder de tutela, em virtude dos quaes póde regular o serviço dos estabelecimentos industriaes no ponto de vista da hygiene, da segurança e da moralidade dos operarios, fixar as horas de trabalho para as crianças e mulheres e mesmo para os adultos, assegurar-lhes uma indemnização quando victimas de accidentes do trabalho, etc. (*)

Durante muito tempo, os tribunaes dos Estados Unidos manifestaram-se contra a constitucionalidade de grande numero de leis operarias.

Essa jurisprudencia tem soffrido, porém, profunda modificação nestes ultimos annos. E' verdade que muitos Estados alteraram as suas constituições no sentido de permittir semelhante legislação, mas claro é que a simples revisão das constituições estaduaes não resolveria a difficuldade, uma vez que a liberdade de contrato, em que, principalmente, se ba-

---

(*) PAUL PIC: "Legislation Industrielle", pag. 449.

seavam as decisões, era assegurada não sómente por essas constituições, senão tambem pela Constituição Federal.

Persistisse a Suprema Côrte no seu ponto de vista primitivo, a revisão da Constituição Federal ter-se-ia forçosamente de fazer neste ponto, dada a tendencia, cada vez mais accentuada, que nos Estados Unidos existe em prol da intervenção do Estado nas relações entre patrões e operarios. (1)

A principio, observa ESMEIN, a jurisprudencia americana inclinou-se a considerar inconstitucionaes muitas leis operarias, ou porque as considerasse contrarias á liberdade de contrato, ou porque entendesse que ellas constituiam uma legislação de classe, não igual para todos. Mas, a tendencia actual, accrescenta elle, é para admittil-as como válidas desde que correspondam a uma necessidade social. (2)

Com effeito, examinando a recente jurisprudencia da Suprema Côrte, verifica-se que é manifesta a evolução no sentido de apoiar a legislação operaria. Assim, ao passo que, em 1905, a Suprema Côrte declarava inconstitucional uma lei de Nova York (*Lochner's case*), limitando para dez horas o trabalho diario dos padeiros, em 1917 julgava constitucional a lei de dez horas de Oregon, muito mais ampla que aquella, pois que se refere a trabalhos de adultos em quaesquer moinhos ou fabricas. (3)

Em relação a accidentes do trabalho, a Suprema Côrte tem decidido que as leis de indemnização obrigatoria não estão em conflicto com a Constituição Federal, achando-se, ao contrario, relacionadas com a protecção da vida e da segurança, materia comprehendida no poder de policia do Estado. (4)

Na Argentina, nenhuma lei operaria foi até agora declarada inconstitucional, não obstante a Constituição desse paiz garantir a liberdade de trabalho.

---

(1) **BEARD**: "American Government and Politics", pag. 732.
(2) "Eléments de droit constitutionnel et comparé", pag. 592.
(3) "The American Political Science Review", vol. XII, n. 3.
(4) **GARMENDIA**: Ob. cit. pags. 267 e 268.

Em suas decisões, a Suprema Côrte Argentina tem accentuado que a liberdade de trabalho e o direito de exercer o commercio e a industria, assegurados pelo artigo 14 da Constituição Nacional pódem ser limitados quando um interesse geral o exigir e que a igualdade consagrada no art. 16 não significa senão que não devem ser estabelecidos privilegios e excepções para uns com exclusão de outros, em igualdade de circunstancias. (1)

A nossa Constituição não se refere expressamente á liberdade de contrato, mas é fóra de duvida que tal liberdade se acha implicitamente assegurada pelo artigo 72, § 24, que garante o livre exercicio de qualquer profissão moral, intellectual e industrial. Accresce ainda que a liberdade de contrato é inherente ao nosso regimen e a Constituição declara expressamente, no art. 78: "A especificação das garantias e direitos expressos na Constituição não exclue outras garantias e direitos não enumerados, mas resultantes da fórma de governo que ella estabelece e dos principios que consigna".

A liberdade de contrato, entretanto, não tem nem póde ter caracter absoluto, porque não é possivel haver igualdade entre individuos que, economicamente, se achem em situação antagonica. (2)

Justifica-se, pois, perfeitamente a intervenção do Legislativo, regulando o contrato de trabalho com o intuito de proteger a saude, a moralidade e o bem-estar do operario.

A recente jurisprudencia americana, que admitte a intervenção do Estado em materia de legislação operaria, baseia-se sobretudo no poder de policia, que é exercido principalmente pelos Estados, não porque a Constituição lhes haja conferido expressamente tal poder, mas pelo facto de que lhes cabe legislar sobre o seu direito substantivo. Entre nós, dá-se justamente o contrario, porque os Estados não pódem legislar sobre direito civil.

---

(1) GARMENDIA: Ob. cit., pag. 238.
(2) BEARD: Ob. cit., pag. 782.

Quando foi votada a Constituição Federal, o direito industrial não constituia ainda um ramo especial e, por isso, deixou de ser incluido expressamente no art. 34, n. 23. E' incontestavel, porém, que elle está implicitamente contido na alludida disposição. (1)

JULIO BOTET, ex-procurador geral da Republica Argentina, referindo-se á Constituição do seu paiz, assim se manifesta:

"Nenhuma clausula constitucional circumscreve o raio de acção das leis civis que abrangem todas as relações individuaes de ordem privada, de sorte que o direito industrial, que regula as relações entre os patrões e os operarios, está incluido naquellas leis, da mesma maneira que em épocas anteriores o esteve o direito commercial, até que se organizou um codigo especial para as relações que creava o commercio sem desnaturar seu caracter civil". (2)

Por sua vez, escreve CARVALHO DE MENDONÇA:

"O direito commercial comprehende tambem uma parte da disciplina que modernamente se tem denominado direito industrial, e para o qual se reservam as regras sobre marcas de fabrica e de commercio, privilegios de invenção, concurrencia desleal, direitos autoraes e relações entre industriaes e operarios, mediante a organização geral do trabalho e a sua regulamentação particular". (3)

Como quer que seja, parece inquestionavel que a legislação operara envolve, sobretudo, materia de direito substantivo.

Além disso, é mais logico que o poder de policia seja da competencia da União, visto como se trata de um poder inhe-

---

(1) São em numero limitado as constituições que se referem especialmente á legislação operaria. Entre essas, contam-se a da Suissa, a da Australia e a recente constituição do Mexico, que se occupa minuciosamente do assumpto.

(2) GARMENDIA: Ob. cit., pag. 114.

(3) "Tratado de Direito Commercial Brasileiro", vol. 1, pag. 26.

LEGISLAÇÃO OPERARIA

rente á soberania nacional e que, como tal, deve ter, tanto quanto possivel, um caracter de generalidade. (1)

Aliás, convém accentuar que, neste ponto, o nosso regimen é superior ao americano, porque, competindo aos Estados da União Americana legislar sobre direito industrial, acontece que as normas estabelecidas por alguns delles para melhorar as condições do operario dentro dos respectivos territorios acarretam a deslocação de certas industrias para outros Estados mais atrazados no tocante á legislação protectora do operario. Este é um dos motivos, segundo observa Beard, por que nos Estados Unidos a legislação operaria está mais atrazada do que em diversos paizes da Europa. (2)

Nos Estados Unidos e no Mexico, competindo aos Estados legislar sobre accidentes do trabalho, nenhuma importancia apresenta a questão de saber onde termina a esphera do direito substantivo e começa a do direito adjectivo.

Na Argentina, o regulamento expedido pelo executivo federal para a execução da lei de accidentes do trabalho é obrigatorio apenas para a Capital Federal e territorios nacionaes. Cada provincia tem a faculdade de regulamental-a para o respectivo territorio.

Foi Córdoba a primeira provincia que regulamentou a lei n. 9.688. A ella seguiram-se Mendoza, Santa-Fé e Buenos Aires.

No Brasil, adoptou-se criterio differente: o regulamento federal é obrigatorio em todo o territorio nacional. Isso não impede, entretanto, que os Estados legislem sobre materia processual, como, aliás, já o fizeram, além de outros, Minas Geraes, São Paulo e Rio de Janeiro.

O systéma argentino facilita, por um lado, o estabelecimento de normas contrárias ao espirito da lei, dada a difficul-

---

(1) **BLACK**: "Handboock of American Constitutional Law". pag 488. "Cyclopedia of law and procedure", vol. VIII, pag. 863.

(2) Ob. cit. pag. 714.

dade de estabelecer uma delimitação precisa entre o direito substantivo e o direito adjectivo, e, por outro lado, apresenta o grande inconveniente de permittir diversidade de criterio no tocante a medidas que, embora de caracter regulamentar, nem por isso deixam de constituir materia de fundo e não de forma, como acontece, por exemplo, na organização da tabella das percentagens para os casos de incapacidade parcial prmanente.

Precisamente sobre este ponto, Alejandro Unsain critica o regulamento expedido pela Provincia de Buenos Aires.

Ao passo que o regulamento federal estabelece uma percentagem fixa para cada caso, o regulamento da Provincia de Buenos Aires acceita tal percentagem apenas como o minimo da indemnização, que deverá ser fixada de accôrdo com as condições pessoaes da victima — profissão, idade, sexo, diversas aptições para o trabalho e opportunidade de utilizal-as. (*)

Entre nós, não sómente se evitou semelhante inconveniente como se chegou mesmo ao ponto de intervir francamente na esphera de competencia dos Estados.

Com effeito, declara a lei n. 3.724:

a) que o processo judiciario deve ser encerrado no prazo maximo de 12 dias, contados da data do accidente;

b) que todas as acções terão o curso summario;

c) que a victima do accidente ou seus representantes gozarão da reducção da metade das custas regimentaes, que serão cotadas para só serem, afinal, pagas pelo vencido, não podendo a falta de pagamento das mesmas ou das devidas pelo patrão retardar a marcha dos respectivos processos.

O projecto de reforma da lei vai além, pois declara que, nos Estados, a acção seguirá a marcha prescripta no artigo 17.

Não ha duvida de que a prerogativa que cabe aos Estados de legislar sobre o seu direito processual não chega ao ponto de burlar os intuitos da lei, procrastinando a liquidação de indemnização.

(*) GARMENDIA: Ob. cit. pag. 144.

LEGISLAÇÃO OPERARIA

E é certo que, na lei de accidentes do trabalho, a materia de fundo se identifica com a de forma, de maneira que o processo judicial reveste capital importancia.

Dahi, porém, não se deve inferir a necessidade de annullara por completo a competencia dos Estados.

Evidentemente, se, em vez de accelerar o processo judiciario, o Estado procura retardal-o, tornando-o, além disso, mais oneroso, é fóra de duvida que se afasta do espirito da lei. Mas, se, ao contrario, estabelece normas mais favoraveis ao operario, ha razão para que taes normas sejam preteridas pelos dispositivos da lei federal?

Não seria conveniente estabelecer que os Estados seguirão o processo adoptado na lei, ou outro qualquer, administrativo ou judicial, uma vez que não seja menos rapido e mais oneroso e assegure ao operario todas as garantias que a lei lhe offerece?

Não ficariam assim conciliados os elevados intuitos da lei com a prerogativa que cabe aos Estados de legislar sobre o seu direito adjectivo?"

XXIX

COMPETENCIA DA UNIÃO EM MATERIA DE ENSINO PRIMARIO

A educação constitue condição fundamental de toda organização politica. Cabe, pois, ao Estado o indeclinavel dever de assegural-a, maxime nos regimens democraticos, em que ella representa a mais solida garantia das instituições, que só pódem subsistir quando apoiadas na consciencia collectiva e não na força bruta, inconsciente e perigosa.

Nos Estados Unidos, a educação é geralmente considerada como essencial á preservação dos direitos e liberdades do povo.

Tão compenetrados são os governos locaes da missão de mantel-a sempre em condições de accentuado desenvolvimento, que o assumpto escapa quasi por completo á competencia federal.

A principio, cada localidade possuia a sua organização particular. Não se tardou, porém, em reconhecer a inconveniencia da falta de uniformidade, e dahi a organização, em cada Estado, de um systema que, regulado por este, continuou, todavia, a ser executado pelas proprias localidades. (*)

Não sómente para os condados (*countries*), como para as municipalidades (*cities*), nenhum outro assumpto sobreleva em importancia. De 1870 a 1899, isto é, em 29 annos, a matricula

---

(*) ASHLEY: ("The American Federal State", pag. 872).

ENSINO PRIMARIO

das escolas elementares, ruraes e urbanas, subiu de 7.500.000 a 15.000.000 de alumnos. (1)

Para se avaliar a importancia que os americanos ligam ao problema da educação, basta referir que, em 1911, a despesa annual com a manutenção das escolas publicas já orçava em cerca de trezentos milhões de dollares, resultantes, 70 % de taxas locaes sobre propriedade, 20 °|° de taxas estaduaes e 10 °|° de outras fontes. (2)

A despeito do grande interesse dos governos locaes, o Governo Federal não se tem conservado indifferente ante assumpto de tanta magnitude para a nacionalidade americana. Se mais não tem feito é porque mais não tem sido preciso.

As concessões de terras dadas pelo Governo Federal representam valioso auxilio para o desenvolvimento das escolas publicas, principalmente na região do Oeste. O producto de venda dessas terras tem constituido, em muitos Estados, um fundo escolar, que auxilia bastante a manutenção dos estabelecimentos de ensino. (3)

Ainda mais. As escolas destinadas a bem orientar os alumnos na vida pratica e preparal-os como bons cidadãos (*vocational education*), estão sendo fundadas em todo o paiz com o auxilio federal, nos termos do *Smith Hughes Act.* (4)

A Constituição da Suissa declara que os cantões provêem a instrucção primaria, que deve ser sufficiente, sob a direcção da autoridade civil (art. 27).

Na Suissa, as leis sobre instrucção publica variam de cantão a cantão, mas todas são baseadas no principio geral de que cada cidadão é obrigado a aproveitar em favor de seus filhos os recursos postos á sua disposição pelos poderes publicos.

Os suissos são orgulhosos de suas escolas e para mantel-as em edificios apropriados e em situação excellente não poupam sacrificios de qualquer especie. Elles consideram a escola não

---

(1) BEARD: "American Government and Politics", pag. 624.
(2) ASHLEY: Ob. cit. pag. 374.
(3) AHSLEY: Ob. cit. pags. 872 e 374.
(4) HERMAN JAMES: "Local Government in the United States", pag. 396 — BEARD: Ob. cit., pag. 624.

sómente como o logar onde se ministra a instrucção, que permitte aos seus filhos um meio de se encaminharem na vida, mas tambem como uma especie de creche politica, onde se procura inculcar e desenvolver no coração dos jovens as doutrinas e os sentimentos democraticos. (1)

As autoridades cantonaes e communaes dão a maior attenção a tudo quanto diz respeito ás escolas, collocadas sempre sob sua vigilancia.

Mas, não obstante todo o interesse desenvolvido pelos governos locaes em prol da instrucção, o povo suisso julgou indispensavel approvar uma emenda á Constituição (23 de Novembro de 1902), declarando que a Confederação concederá subvenções no dominio da instrucção publica.

A Constituição Argentina impõe ás provincias o dever de assegurar a instrucção primaria.

Isso não significa, todavia, que o Governo Federal esteja inhibido de collaborar com ellas nessa obra meritoria.

Não ha na Constituição, refere ESTRADA, clausula alguma pela qual se prohiba ás provincias ou á nação exercer simultaneamente sua acção em prol do ensino publico, nem ha razão para que não tenha logar a acção concurrente das provincias e da nação. Ao contrario, o grande interesse deste paiz é a cultura, e desde que póde ser fomentada mais efficazmente pelo duplo concurso da acção e dos esforços da nação e das provincias (e nesse terreno é absolutamente impossivel um choque entre ellas), todas pódem concorrer para fomentar e levantar o seu nivel". (2)

GONZÁLEZ CALDERON, depois de assignalar as difficuldades em que se encontram algumas provincias para poderem cumprir a exigencia constitucional, declara que a acção indirecta do governo nacional, por via de subsidios para o fomen-

_____

(1) "OTTIWELL ADAMS E CUNNINGHAM: "La Confédération Suisse", pag. 218.

(2) "Derecho Constitucional Argentino", vol. I, pag. 296.

ENSINO PRIMARIO

to da educação, e a acção directa, mediante o exercicio de um poder concurrente indiscutivel, têm ajudado a supprir as deficiencias financeiras das ditas provincias, preenchendo-se assim da fórma mais cabal os fins da Constituição no tocante a promover o bem geral do povo... Desta maneira, a lei n. 2.737, de 4 de Outubro de 1890, cujo objecto é fomentar o desenvolvimento da cultura nas provincias, dando o maior incremento possivel á instrucção primaria, regulamenta as condições em que o governo federal distribue entre ellas os subsidios destinados a tal fim. (1)

De accordo com os ensinamentos de BARBALHO (2), contestou-se durante muito tempo a competencia da União para intervir em materia de ensino primario, uma vez que a Constituição, em relação a ella, só se refere a estabelecimentos de ensino secundario e superior.

Em artigo publicado no *Jornal do Commercio*, de 16 de Julho de 1917, sostentamos doutrina contraria:

"A Constituição Federal declara que incumbe ao Congresso, embora não privativamente, animar no paiz o desenvolvimento das letras, artes e sciencias, bem como a immigração, a agricultura, a industria e o commercio, sem privilegios que tolham a acção dos governos locaes (art. 35, n. 2).

Examinando-se a significação da palavra *animar*, verifica-se:

Animar — Dar alma, vida, dar vigor, acção, animação, movimento, enthusiasmo, coragem, desenvolver, promover o progresso e o desenvolvimento de, animar as artes e industrias. (3)

---

(1) "Derecho Constitucional Argentino", tomo III, pag. 582.

Na Allemanha, a educação popular é ministrada pelo "Reich", pelos paizes e pelas communas.

(2) "Commentarios á Constituição Federal Brasileira", pags. 135 e 141.

(3) AULETTE: "Diccionario Contemporaneo Brasileiro", vol. I, pag. 98 — CANDIDO DE FIGUEIREDO: "Novo Diccionario da Lingua Portugueza", vol. I, pag. 98.

Ora, se a União póde dar vida ou promover o desenvolvimento das letras, artes e sciencias, claro é que lhe não devem ser recusados os elementos necessarios a tal fim.

E' doutrina corrente que o Congresso tem autoridade para escolher os meios que julgar conducentes ao exercicio de um poder conferido pela Constituição. (*)

O legislador constituinte, modificando a redacção do projecto do Governo Provisorio — "animar, no paiz, o desenvolvimento da educação publica" — para adoptar o que está consignado no referido n. 2 do art. 35, não o fez, a nosso vêr, com outro intuito senão a conveniencia de dar redacção mais ampla, querendo assim significar que a sua acção não podia soffrer restricções, além das estabelecidas na citada disposição, que, aliás, é analoga á da Constituição Americana.

Ainda ninguem considerou inconstitucional o estabelecimento de repartições e dependencias, que funccionam nos Estados, sobre obras contra as seccas, veterinaria, agricultura, mineração, etc., e, entretanto, na Constituição, o fundamento de sua existencia outro não é que o proprio n. 2 do art. 35".

A doutrina da intervenção da União em materia de ensino primario ha sido defendida calorosamente, na Camara dos Deputados, por JOSÉ AUGUSTO, EURICO VALLE e outros, e, na imprensa, encontrou em VICTOR VIANA um estrenuo propugnador. Mas forçoso é reconhecer que não se trata de uma doutrina inteiramente victoriosa.

CARLOS MAXIMILIANO, por exemplo, affirma que a Constituição não autoriza o Governo Federal a preoccupar-se com o ensino primario, diffundindo-o á custa do erario publico. E, AZEVEDO SODRÉ, ainda recentemente, sustentava na Camara que a União não podia crear nem sequer subvencionar escolas!

(*) Congress must possess the choice of means, and must be empowered to use any means which are, in fact, conducive to the exercice of a power granted by the constitution. (WILLOUGHBY: "The American Constitutional System", pag. 41).

ENSINO PRIMARIO

De certo, quando dizemos que a União póde crear e subvencionar escolas, não queremos com isso significar que lhe devam ser transferidos os encargos da manutenção do ensino primario, mas tão sómente que ella não está privada de ajudar os Estados no desempenho dessa tarefa de fundamental importancia para a vida do paiz e que tão de perto interessa á estabilidade do proprio regimen republicano.

E' uma acção suppletiva, cuja legitimidade parece evidente ante o que preceitúa o citado n. 2 do art. 35. E' o poder que cabe á União de crear escolas primarias nos seus estabelecimentos—aprendizados agricolas, patronatos, escolas de aprendizes artifices, nucleos coloniaes, centros agricolas, etc., sem que sobre ellas possam incidir os preceitos da legislação estadual. E' o poder que cabe á União de subvencionar escolas estaduaes, municipaes ou particulares, exigindo as condições que se lhe afigurem convenientes.

Seria injustiça dizer que a Republica nada tem feito quanto á diffusão do ensino primario.

Segundo os dados apurados pela Directoria Geral de Estatistica, a matricula, em 1889, nas escolas primarias, publicas e particulares, era representada por 258.802 alumnos, elevando-se, em 1907, a 638.378 e attingindo, emfim, em 1920, a 1.250.729. Isto quer dizer que, para cada mil habitantes, havia, em 1889, 18 alumnos, em 1907, 29, e, em 1920, 41.

Mas a verdade é que muito resta a fazer.

Computada como está a população escolar (de 7 a 15 annos) em 6.549.826, verifica-se que mais de cinco milhões jazem mergulhados no analphabetismo!

Nestas condições, se não dermos remedio decisivo a tão grande mal, essa massa já consideravel de analphabetos ir-se-á avolumando de anno para anno, tornando-se, portanto, cada vez mais difficil a solução do problema.

Devemos cruzar os braços ante semelhante situação?

Neste momento, em que procuramos revêr a Constituição para resolver algumas de nossas difficuldades, não seria justo que deixassemos de enfrentar essa, que sobre todas avulta, porque, certamente, ninguem poderá affirmar que sobre o analphabetismo possa assentar com segurança um regimen livre e democratico, qual o que se acha condensado na Constituição de 24 de Fevereiro de 1891.

A União precisa cogitar de um imposto especial, cujo producto se destine ao fomento da instrucção primaria.

O systema de subvenção, actualmente adoptado nos Estados do Paraná, Santa Catharina e Rio Grande do Sul, deve ser estendido a outros Estados, cujos recursos não permittam dar á instrucção primaria o conveniente desenvolvimento. E de toda a vantagem será a creação do Conselho de Educação, para orientar e fiscalizar o ensino primario subvencionado pela **União**.

Ha 33 annos que discutimos sobre se a União póde ou não crear e subvencionar escolas de ensino primario. Por que não tornar expressa a sua competencia nesse sentido? (*)

(*) Não sómente em relação ao ensino, primario, senão tambem no que diz respeito ao desenvolvimento da agricultura, industria e commercio, torna-se mister uma intima collaboração dos governos federal e estaduaes.

E é esta a orientação seguida na recente reforma do Serviço do Algodão, que estabeleceu as bases de uma indispensavel cooperação, entre a União e os Estados, para o rapido incremento dessa importante cultura, que está destinada a constituir uma das maiores fontes de riqueza do paiz.

X X X

ENSINO LEIGO. ENSINO RELIGIOSO

Na França, não só é leigo o ensino publico como não pódem ministral-o as congregações religiosas e os proprios congregados. (*)

O Mexico, em sua Constituição de 5 de Fevereiro de 1917, adoptou regimen semelhante: ensino leigo nos estabelecimentos de educação e prohibição ás corporações religiosas ou ministros de qualquer culto de estabelecer ou dirigir escolas de instrucção primaria.

A Constituição Federal declara que será leigo o ensino ministrado nos estabelecimentos publicos (art. 72, § 6º).

BARBALHO, applaudindo esta disposição, escreve o seguinte:

"E o Estado quebrantaria a sua igualdade se curasse do ensino exclusivo de uma religião; em homenagem a esse principio, deveria ensinar ou todas as religiões ou nenhuma dellas. Num caso, aberração e desproposito; noutro, neutralidade e respeito a todas as crenças. Mas, (argúe-se contra a escola leiga) arrisca-se a propria segurança do Estado com o supprimir do ensino a religião que instilla no coração do povo os sentimentos de respeito, de ordem, de virtude e de nobres estimulos, cuja ausencia dá margem ao duro imperio de paixões peri-

---

(*) **MOREAU** observa que tal incapacidade imposta ao cidadãos francezes importa um profundo golpe á igualdade e á liberdade de ensino (**Précis élémentaire de droit constitutionnel**, pag. 504).

194 A REFORMA CONSTITUCIONAL

gosas, compromettedoras da tranquillidade publica e bem-estar e que aprestam as revoluções. Ha boas razões a oppôr a esta objecção. De primeiro e sem desconhecer em geral a influencia benefica do sentimento religioso na sociedade, é preciso não exaggeral-a e convir que elle tambem póde, pelo fanatismo, trazer males ao Estado e já tem produzido sangrentas revoluções, sendo duvidoso se ha mais perigo em sua ausencia do que em seu excesso". (1)

Justifica-se o ensino leigo, declara MILTON, "pela razão de ser elle um consectario da liberdade de consciencia. De feito. Desde que todos os cidadãos, pagando o imposto, contribuem para a manutenção das escolas, e cada um delles, entretanto, póde adoptar e seguir uma religião differente, não seria justo que a Republica ministrasse naquellas um ensino de que só se poderia aproveitar certa porção de crianças, a saber: as que porventura pertencessem á religião preferida". (2)

Frageis são, sem duvida, os argumentos de BARBALHO e MILTON.

Certo, o fanatismo é um mal e convem, a todo o transe, impedil-o. Mas, pela simples possibilidade do fanatismo, ha de se condemnar o ensino religioso, sem o qual, affirma TEIXEIRA MENDES, não é possivel haver educação? (3)

Por outro lado, se quasi toda a população do Brasil é catholica, se quasi toda essa população contribue para o erario publico, que mal haveria em que, á custa deste, fosse, com o caracter facultativo, ministrado o ensino catholico?

Segundo RUY BARBOSA, o nosso texto constitucional "exclue do programma escolar o ensino da religião, mas não consente que o ensino escolar, os livros escolares professem a irreligião, nem obsta, quando exigido pelos pais, ao ensino religioso pelos ministros da religião, fóra das horas escolares, no proprio edificio da escola". (4)

---

(1) "Commentarios á Constituição Federal Brasileira", pag. 312.
(2) "A Constituição do Brasil", pag. 383.
(3) "A liberdade espiritual e o ensino religioso nos estabelecimentos municipaes de educação" — "Jornal do Commercio", de 8 de Junho de 1904.
(4) Plataforma lida no Polytheama Bahiano, em 15 de Janeiro de 1910.

Mas, em geral, não se entende que assim seja.

Eis como se manifesta Carlos Maximiliano:

"São constantes as violações do § 6º. Vigarios ensinam o cathecismo em institutos officiaes, em vez de fazel-o só em particulares ou nos proprios templos. Não é licito pagar, com o producto dos impostos cobrados a protestantes e judeus, a casa mobilada para o sacerdote catholico ensinar a sua doutrina". (*)

Em 1904, o Prefeito do Districto Federal vetou uma resolução do Conselho Municipal, que instituia o culto e o ensino religioso nas escolas publicas primarias do Districto Federal.

Teixeira Mendes, referindo-se a esse veto, sustenta a necessidade do ensino religioso aos alumnos orphãos dos internatos municipaes:

"O respeito á liberdade espiritual prescreve que se acate nos filhos menores as convicções religiosas dos seus pais... Reconhecer que existem religiões; constatar que uma criança foi consagrada segundo tal ou tal culto, são factos da mesma ordem que verificar a existencia do sol. E uma vez sabida qual a religião em que os pais tencionavam educar os filhos, o respeito á liberdade espiritual consiste justamente em proporcionar, tanto quanto possivel, ás crianças realmente orphãs, isto é, sem familia de especie alguma, o culto e o ensino religioso correspondente. Nos casos em que taes dados faltassem completamente, devia-se fazer a hypothese mais simples entre nós, isto é, admittir que o orphão é catholico e proceder em consequencia... para isso, cumpre facultar a um sacerdote da religião dos pais o exercicio do seu ministerio nos internatos municipaes; ou, então, providenciar para que os orphãos possam assistir ao culto e receber o ensino religioso nas igrejas a que seus pais pertenciam. A unica difficuldade para a realização dessa medida consistiria em encontrar-se cidadãos dignos de merecer que se lhes confiassem as crianças. Ora, essa difficuldade é puramente hypothetica, no caso geral, porque

---

(*) "Commentarios á Constituição Brasileira", pag. 221.

a quasi totalidade dos brasileiros vem felizmente do Catholicismo. E, no caso especialissimo de orphãos de outras religiões, seria muitissimo raro que não existissem fieis idoneos para se responsabilizarem por essa delicada missão". (1)

Na Allemanha, segundo a Constituição de 11 de Agosto de 1919, predomina o regimen da escola simultanea, isto é, o ensino religioso faz parte do programma official e é ministrado de accôrdo com os principios da respectiva communidade religiosa; mas as crianças não participam desse ensino sem o consentimento dos seus pais ou tutores. A escola publica leiga póde entretanto, existir, uma vez que sejam preenchidas certas condições. (2)

Nos Estados Unidos, nada impede que a Biblia seja adoptada nas escolas publicas, comtanto que não se torne obrigatoria a sua leitura para os alumnos, cujos pais ou tutores a isso se opponham. (3)

Na Suissa, em regra, a educação religiosa é ministrada nas escolas publicas em dias fixos e horas determinadas, de maneira a permittir que as crianças, cujos pais não desejem tal ensino, possam ausentar-se sem prejudicar os seus estudos. (4)

Convencido da necessidade do ensino religioso, MUSSOLINI, ainda ha bem pouco tempo, determinava a sua adopção nas escolas publicas.

No Brasil, quasi toda a população é catholica. As demais religiões são representadas por uma percentagem insignificante. Se assim é, por que não permittir, com caracter facultativo, o ensino religioso nas escolas publicas, sempre que os pais ou tutores o requererem?

Mas, para tal fim, não seria indispensavel abolir a prescripção constante do artigo 72, § 6.º?

· (1) Pub. cit.
(2) RENÉ BRUNET: "La Constitution Allemande", pag. 258.
(3) BLACK: "Handbook of American Constitutional Law", par. 530.
(4) OTIWEL ADAMS E CUNNINGHAN: "La Confédération Suisse", pag. 22).

Se é certo que, em materia de consciencia, a maioria não deve impôr a sua vontade á minoria, é certo tambem que esta não tem o direito de crear embaraço á livre expansão dos sentimentos daquella.

E' o que sustentamos no parecer que se segue, emittido a pedido da commissão incumbida da erecção de um monumento a Christo, no alto do Corcovado:

"O art. 72, § 3°, da Constituição Federal consagra o principio da liberdade religiosa. Nem podia deixar de ser assim: a liberdade religiosa, de ha muito, constitue um dogma de todos os povos civilizados.

A liberdade religiosa já era, aliás, um facto no antigo regimen. Verdade é que a Constituição de 1823 dispunha que a religião catholica apostolica romana continuaria a ser a religião do Imperio, mas isso nunca impediu que brasileiros e estrangeiros exercessem livremente o seu culto e gozassem plena liberdade de consciencia.

Como bem observam Miguel Lemos e Teixeira Mendes, "tanto a liberdade religiosa theologica como a liberdade espiritual, na mais alta accepção desta locução, foram legalmente e praticamente fundadas no Brasil desde a Independencia".

Seria erro suppôr que a protecção ou assistencia a determinada religião implique em negação de liberdade religiosa.

Na Argentina, por exemplo, a despeito de ser o culto catholico mantido pelo Governo Federal, existe não só plena liberdade de consciencia senão tambem perfeita liberdade de culto:

"La declaración de la libertad de cultos no podia omitirse en nuestra Constitución, puesto que al estabelecerla y garantizarla no se hacia más que reconocer un principio incontrovertible, instituido por la lei natural. Hubiera sido un contrasentido, un absurdo y una crueldad indigna de nuestra civilización contemporánea, admitir y amparar los otros derechos del hombre y desconocer el que es precisamente el más sagrado y fundamental". (González Calderón: "Derecho Constitucional Argentino".

O systema adoptado pela Constituição Argentina, declara: JOAQUIN GONZÁLEZ, tem a sua razão fundamental no seguinte:

"Assegurar á Nação a manutenção do culto da maioria dos seus habitantes e garantir a quem quizesse habitar o sólo argentino o pleno gozo da liberdade religiosa de seu paiz, além de que, proclamando a igualdade civil, fundada na igualdade natural de todos os homens, era logico reconhecer-lhes a mesma liberdade, ainda que não fossem estrangeiros — ("Manual de la Constitutión Argentina").

A tolerancia religiosa na Argentina acha-se bem realçada nas seguintes palavras de BRYCE:

"Though Roman Catholicism is declared by the Constitution to be supported by the State, and the President and Vice-President must profess it, that freedom of religious worship which is guaranteed by law is full carrid out in practice, and all denominations may, without let ou hindrance, erect churches and preach and teach. The legislature has shown itself so broad-minded as to grant subventions to a system of Protestant schools founded originally as a missionary enterprise by a Protestant Episcopal clergyman, and many of the Roman Catholic families of Buenos Aires send their children to schools, provided by the American Methodist Episcopal Church. In liberality of spirit, Argentina is rather more advance than Perú or Chili, not to speak of bigoted Ecuador. Still more note-worthy is it that there seems to be little or no effort on the part of the church to influence public affairs. No political party is allied with the clergy, no clerical influence is felt in elections. The happy detachment of the two spheres which travellers observe and admire in North America deserves even more credit when found in a country where intolerance long reigned supreme". ("South America-Observations and impressions").

No que diz respeito propriamente á liberdade religiosa, não ha, pois, differença entre as constituições argentina e brasileira: ambas garantem aos individuos e confissões religiosas o exercicio publico dos respectivos cultos.

Ora, se a liberdade religiosa póde existir perfeitamente em um paiz que sustenta um culto especial, parece logico que ella, por si só, não deve ser invocada para justificar a falta de assentimento á erecção de um monumento a Christo.

A questão gira, sem duvida, em torno do art. 72, § 7°, que reza assim: "Nenhum culto ou igreja gozará de subvenção official nem terá relações de dependencia ou alliança com o Governo da União ou dos Estados".

Esta disposição não é, aliás, senão um corollario logico do acto do Governo Provisorio, declarando separada a Igreja do Estado (Decreto n. 119-A, de 7 de Janeiro de 1890).

Mas, ao estabelecel-a, qual o intuito que se teve em vista? Implantar o atheismo? Parece que não.

Os membros do Governo Provisorio, bem como os da Constituinte, não ignoravam, de certo, que a religião é um elemento indispensavel á vida do Estado.

Hauriou, depois de observar que as esperanças da vida futura são velhas crenças da humanidade e que essas crenças têm representado um papel importante no equilibrio do regimen do Estado, declara:

"Du moment que ces croyances ont jusqu'ici contribué à l'équilibre du régime d'Etat, il est à croire que, si elles viennent à disparaitre, elles lui manqueront et, que, comme cet équilibre est extrémement delicat, elles lui manqueront fâcheusement". ("Principes de Droit Public").

Sustenta Bluntschli que a distincção e a independencia entre a Igreja e o Estado não acarretam de maneira alguma a indifferença forçada do Estado em relação á religião. As crenças religiosas têm uma tal influencia sobre a vida inteira, que o espirito, o caracter, as sympathias e os odios das massas variam frequentemente com a religião que ellas professam. A religião é um poder moral de primeira ordem, do qual o Estado não póde fazer abstracção. ("La Politique").

Tocqueville, por sua vez, affirma que o espirito religioso é muito mais necessario nas republicas do que nas monarchias.

E o proprio Rousseau tinha comprehendido que o Estado não póde prescindir de certos principios religiosos primordiaes:

"Les dogmes de la rélígion civile", dit-il, "doivent être simples, en petit nombre, énoncés avec précision, sans explica-

intelligente, bien-faisante, prévoyante, la vie à venir, le bonheur des justes, le châtiment des coupables, la sainteté du contract social et des lois: voilà les dogmes positifs". (BLUNTSCHLI: ob. cit.).

A separação entre a Igreja e o Estado não constituiu um golpe desfechado contra a religião catholica, cuja majestade se tornou, sem duvida, maior com a quebra dos laços que a subordinavam ao Estado.

O regimen da separação não é sómente o que melhor se coaduna com a dignidade da Igreja; é o regimen preconizado pelo proprio Christo, na sua celebre phrase: "Dai a Cezar o que é de Cezar e a Deus o que é de Deus".

"Grace à Jésus les droits de la conscience, soustraits à la loi politique, sont arrivés à constituer un pouvoir nouveau: le "pouvoir spirituel" (RENAN: "Vie de Jésus").

Todos os outros fundadores de religião, refere BLUNTSCHLI, têm procurado regular, ao mesmo tempo, a vida publica e a vida religiosa. Moysés e Mahomet, Manú e Confucio revelam esta mesma tendencia dominadora. Jesus, ao contrario, abstem-se escrupulosamente de qualquer acção, quer sobre o Estado, quer sobre a politica. Elle não deseja senão uma cousa: purificar e santificar a vida moral e religiosa". (Ob. cit.).

ESMEIN, depois de fazer judiciosas considerações sobre a vantagem do regimen da separação, formúla a seguinte pergunta:

"Quel régime a jàmais mieux respecté la liberté et la foi réligieuse, mieux rendu à Cézar ce qui est à Cézar et à Dieu ce qui est à Dieu?".

Os Estados Unidos são geralmente considerados como a nação que melhor pratíca o regimen da separação.

Em nenhum paiz, como alli, declara LASTARRIA, prosperam as crenças religiosas. Em nenhum outro existe maior diversidade de cultos, todos coexistindo em perfeita harmonia e consolidando sua existencia mediante a liberalidade dos seus fieis, bastante para satisfazer as necessidades de cada igreja, independentemente de qualquer subvenção do Estado ("Estudios Politicos Constitucionales").

Mas, não obstante o regimen da separação, não obstante

a plena liberdade assegurada a todas as crenças, a todos os cultos, o christianismo naquella grande Republica constitue, como se sabe, objecto de especial attenção por parte dos poderes publicos.

E' que os americanos, com o bom senso que lhes é peculiar, entendem que a liberdade religiosa não póde acarretar o desconhecimento dos sentimentos religiosos da maioria da população.

O seguinte trecho de BRYCE dá uma idéa bem perfeita do pensamento dominante:

"The matter may be summed up saying that Christianity is in fact underestood to be, though not the legally established religion, yet the national religion. So far from thinking their commonwealth godless, the Americans conceive that the religious belief of the conformity of their conduct to that belief. They deem the general acceptance of Christianity to be one of the main sources of their nation a especial object for the Divine favour". ("The American Commonwealth").

A união da Igreja com o Estado, escreve Mc. CLAIN, de qualquer modo ou para qualquer fim, é incompativel com a nossa Constituição. Completa liberdade religiosa, accrescenta elle, não significa, todavia, a ignorancia nos negocios publicos do facto de que os homens, em geral, possuem crenças religiosas e que a religião christã é a fórma predominante de crença religiosa do povo dos Estados Unidos. ("Constitutional law in the United States").

A este respeito, assim se manifesta o mais autorizado dos nossos constitucionalistas:

"Veda a Constituição, de todo, alli, como aqui, aos poderes federaes qualquer alliança entre a Igreja e o Estado; circumvalla entre este e aquella a separação mais completa. Mas, os actos mais solemnes do Governo invocam o nome de Deus. Os generaes em serviço de guerra imploram, deante das tropas, "a bondade tutelar dessa Providencia, que encaminha individuos e nações". A' voz do presidente, se reune todos os annos, em dia certo, a nação inteira, a render graças ao Eterno. As sessões do Congresso, nas suas duas camaras, se abrem e encerram diariamente com as preces de um sacerdote. O Senado tem o seu capellão: tem o seu a Camara dos Representantes, um e outro eleitos por essas duas assembléas. Têm-nos, ainda, nomeados pelo Presidente, as prisões, os hospicios de alienados, as escolas militares, o exercito e a marinha até vinte e quatro para esta e para aquelle trinta e quatro. A propriedade ecclesiastica não se tributa no districto de Columbia nem nos Estados. O juramento, nas instituições federaes, como nas estaduaes, se refere sobre a escriptura sagrada aos que não a rejeitam. As leis da União, como as dos Estados, consagram o descanso dominical. Numa das suas ordens do dia, Lincoln, como general em chefe do exercito e da armada, no meio da terrivel guerra civil em que periclitou a existencia da União, impunha rigorosamente ás suas ordens a obediencia a esse preceito: "O general espera e confia", dizia elle, "que cada official e cada praça buscarão viver como convem a soldados christãos, afanados em lutar pelos mais caros direitos de sua terra". Nas escolas neutras, emfim, o horario profano abre espaço ao ensino religioso, distribuido pelos ministros dos varios cultos nos proprios recintos escolares. Alli não se divisa nesses factos o minimo aggravo á secularização legal das instituições. O que lá se não toleraria, nem a nossa Constituição tolera, é estabelecer distincções legaes entre confissões religiosas, sustentar a instrucção ou o culto religioso á custa de impostos, obrigar á frequencia dos templos ou á assiduidade nos deveres da fé, crear embaraços de qualquer natureza ao exercicio da religião, contrariar de algum modo a liberdade de consciencia, a expressão das crenças ou a manifestação da incredulidade, nos limites do respeito ás crenças e á liberdade alheias. Mas, "nenhum principio de direito constitucional se quebranta", diz um grande jurisconsulto americano, o juiz Cooley, "quando se fixam dias de acção de graças e jejum, quando se nomeiam capellães para o exercito e a marinha, quando se abrem as sessões legislativas, orando ou lendo a Biblia, quando se anima o ensino religioso, favorecendo com a immunidade tributaria as casas consagradas ao culto". (RUY BARBOSA: "Discurso pronunciado no Collegio Anchieta", em 1903).

A separação entre a Igreja e o Estado não importa nem podia importar a separação entre a Nação e o Christianismo.

Assim como os Estados Unidos, o Brasil é um paiz christão, não no sentido theocratico da Idade-Media, mas porque "não desconhece o valor universal do christianismo, porque vê no christianismo uma das fontes e uma das bases principaes de nossa civilização, porque o christianismo é a religião da grande maioria da Nação e, finalmente, porque tem o dever de proteger e de honrar a moral e os costumes christãos".

Que os poderes publicos reconhecem esta verdade, prova o facto, bem recente, de ter sido declarado feriado nacional o dia do nascimento de Christo. (Decreto n. 4.497, de 19 de Janeiro de 1922).

Será possivel que o assentimento á realização de tão almejado "desideratum" constitua, por si só, uma relação de dependencia ou alliança da Igreja com o Estado?

Christo não é sómente o symbolo da Igreja Catholica; é o fundador do Christianismo, a cuja inspiração, ninguem o ignora, obedecem não sómente a Igreja Catholica, mas as diversas igrejas protestantes, isto é, as igrejas methodistas, anglicanas, presbyterianas, etc.

Se tal assentimento pudesse ser assim interpretado, é bem de vêr que elle importaria a alliança, não com uma igreja ou culto, mas com muitas igrejas ou cultos. Basta isso para repellir semelhante hermeneutica.

Cumpre não esquecer que estamos em um paiz de regimen democratico, isto é, em um paiz em que deve predominar a vontade da maioria. Cumpre não esquecer, outrosim, que a igualdade não tem nem póde ter caracter absoluto: só deve ser invocada em identidade de condições.

Não seria razoavel que, pela simples possibilidade de opposição de uma insignificante minoria, a grande maioria se visse privada de prestar homenagem ao fundador de uma religião, que hontem foi a religião de seus pais, que hoje é a sua religião e que amanhã será a religião de seus filhos.

Observa RODRIGO OCTAVIO que "em materia de consciencia não póde prevalecer o direito da maioria, que é a força do numero, porque as questões de consciencia são questões essencialmente individuaes".

Effectivamente, se a maioria pudesse impôr a sua fé á minoria, claro é que desappareceria a liberdade de consciencia. Por outro lado, se a minoria estivesse privada de exercer livremente o seu culto, não haveria liberdade religiosa. Mas, em que, porventura, a erecção de um monumento a Christo restringe qualquer dessas liberdades?

Como já se viu, nos Estados Unidos, a Camara dos Representantes, assim como o Senado, tem o seu capellão. Não existindo alli, como aqui, condição religiosa para a investidura das funcções legislativas, é natural que possa haver — e provavelmente os ha — representantes e senadores que não estejam filiados ao christianismo ou que mesmo não professem religião alguma. No emtanto, não se entende que a oração do capellão constitua um attentado á liberdade de consciencia dessa minoria.

Receia o eminente consultor geral da Republica que, sendo Christo o symbolo de determinada religião, a erecção desse monumento em um logradouro publico de gozo commum a todos os habitantes da cidade possa dar logar a factos inspirados em fanatismos ou divergencias religiosas.

Em primeiro logar, no Brasil não existe propriamente fanatismo religioso.

O facto occorrido no Jury desta cidade, em 1892, é um facto isolado e perde de todo a sua importancia ante o costume diuturno de respeito ás procissões e aos templos.

Não consta que a estatua de Christo, que existe na Bahia, tenha, até hoje, motivado perturbação alguma.

Muito mais intensas são, entre nós, as paixões politicas. Floriano Peixoto contava adeptos fervorosos e adversarios encarniçados. A despeito disso, a sua estatua ahi está, acatada por todos, na principal arteria desta cidade. Demais, em tal emergencia, não haveria senão um simples caso de ordem publica, que o Estado tem por missão manter, não sómente nesta como em qualquer outra hypothese.

Na humanidade, nenhuma outra figura póde ser comparada á de Jesus Christo.

Entre elle e qualquer outro no mundo, disse Napoleão, não é possivel haver termo de comparação.

ENSINO LEIGO. ENSINO RELIGIOSO 205

Os mais scepticos publicistas não relutam em prestar-lhe homenagem:

"But even who do not accept this faith see in Jesus a unique and sinless personality, one with whom no other human being can even distantly be compared, either in his character, his teaching or the results which he accomplished by ministry". ("Encyclopedia Britannica)".

Inspirando-se nas idéas de ROUSSEAU, foi que o povo francez, no periodo violento de sua revolução, se esforçou por extirpar a religião christã, expulsando seus sacerdotes, proscrevendo seu ensino e fechando suas igrejas.

Pois bem, segundo ROUSSEAU, a vida e a morte de Christo foram a vida e a morte de um Deus.

Considerando-o unicamente como um dos grandes personagens da historia, declara RENAN, Jesus Christo, na opinião geral, occupa o mais alto cimo da grandeza humana.

Em seu compendio de moral leiga e positiva, declara AULARD que todos nós devemos honrar e amar os grandes homens, isto é, os que, por seu genio, seu trabalho e suas virtudes, têm tornado a humanidade mais feliz. Se isto é verdade, porque deixar de honrar e amar Aquelle que maiores serviços á humanidade tem prestado pelo exemplo dignificante de suas inexcediveis virtudes, pelos inestimaveis beneficios dos seus incomparaveis ensinamentos? Por que não honrar e amar Aquelle que condensa em si tudo o que ha de bom e elevado, na expressiva phrase de RENAN?

Publicistas ha que não se limitam a negar a divindade de Christo: negam-lhe a propria existencia.

Como quer que se entenda, divino ou simplesmente humano, real ou imaginario, Christo symboliza tudo o que ha de mais elevado na humanidade.

Christo é o symbolo mais perfeito do bello, do amor, da caridade, da justiça, da igualdade, da fraternidade, da liberdade.

Ora, se é certo que, em qualquer nação civilisada, se justifica plenamente a erecção de monumento que symbolize cada uma dessas entidades, como recusal-o a Christo, que symboliza todas ellas ao mesmo tempo?

Isto posto, respondo negativamente á consulta da digna commissão incumbida de erigir um monumento a Christo, no alto do Corcovado.

Seria singular que, na Terra de Santa Cruz, a Constituição impedisse a erecção de um monumento ao glorioso fundador do Christianismo".

INDICE

Pags.

I — Necessidade e opportunidade da reforma	7
II — Processo da reforma	9
III — Parlamentarismo. Presidencialismo	20
IV — Impostos e taxas. Distribuição de rendas	28
V — Intervenção nos Estados. Forma republicana federativa. Principios constitucionaes	36
VI — Periodo de funccionamento do Congresso Nacional	47
VII — Numero de deputados	50
VIII — Inelegibilidade. Incompatibilidade	55
IX — Delegação de poderes	58
X — Caudas orçamentarias. Veto parcial	62
XI — Periodo presidencial	68
XII — Eleição presidencial	73
XIII — Creação e provimento de cargos publicos	87
XIV — Unidade de magistratura e de processo	91
XV — Competencia originaria do Supremo Tribunal Federal	99
XVI — Tribunaes regionaes	102
XVII — Emprestimos externos	107
XVIII — Autonomia municipal	111
XIX — Expulsão de estrangeiros	114
XX — Accumulações remuneradas	119
XXI — Effeitos do estado de sitio	130
XXII — *Habeas-corpus*	135
XXIII — Condecorações	141
XXIV — Voto obrigatorio e secreto. Voto feminino	146
XXV — Liberdade de commercio. Regulamentação do commercio internacional e interestadual	151
XXVI — Dominio das aguas. Aproveitamento de força hydraulica	159
XXVII — Propriedade e legislação de minas	164
XXVIII — A legislação operaria em face da Constituição Federal	175
XXIX — Competencia da União em materia de ensino primario	186
XXX — Ensino leigo. Ensino religioso	193